Theorie, Übungen und Tipps für ein erfolgreiches Spiel

Lutz Schwalbach

Golf Kompakt:
Schnell und verständlich erklärt
Anleitungen, Übungen und Tipps für ein erfolgreiches Spiel

Bibliografische Information der Deutschen Nationalbibliothek:

Die Deutsche Nationalbibliothek verzeichnet diese Publikation in der Deutschen Nationalbibliografie; detaillierte bibliografische Daten sind im Internet über http://dnd.dnd.de abrufbar.

Impressum:

1. Auflage 2025

Alle Rechte vorbehalten

© Lutz Schwalbach

Illustration und Umschlaggestaltung: Lutz Schwalbach

Deckblatt Foto: URL https://www.shotshop.com

Bild Nr. gqy-jcg, Urhebervermerk: marcus/Shotshop.com

Verlag: BoD · Books on Demand GmbH, In de Tarpen 42, 22848 Norderstedt, bod@bod.de

Druck: Libri Plureos GmbH, Friedensallee 273, 22763 Hamburg

ISBN: 978-3-7693-0438-1

Hinweise

Um die bessere Lesbarkeit zu fördern, wurden zu den Inhalten im vorliegenden Text auf die gleichzeitige Verwendung männlicher sowie weiblicher Sprachformen verzichtet. Anstatt dessen wird das generische Maskulinum angewendet. Daher gelten alle Personenbezeichnungen gleichermaßen für beide Geschlechter.

Dieses Buch ist für Rechtshänder geschrieben. Linkshänder müssen möglicherweise einige Anpassungen vornehmen und ihre Herangehensweise leicht anpassen, um die beschriebenen Techniken und Anleitungen erfolgreich umzusetzen.

AUTOR

 Als Ausbilder (IHK) und geprüfter Fitness Coach (DAFMF) mit A- und B-Lizenz bringt er fundiertes Fachwissen in der Trainingsgestaltung und -anleitung mit. Seine C-Trainer-Lizenz im Breitensport (DOSB) unterstreicht seine Vielseitigkeit, Praxisnähe und sein sportliches Engagement. Zusätzlich ist er als Aqua Medical Fitness-Trainer sowie Mentaltrainer qualifiziert, was ihm ermöglicht, ein ganzheitliches Training anzubieten, das Körper und Geist gleichermaßen stärkt und fördert.

Mit seiner langjährigen Erfahrung und seiner Begeisterung für den Sport ist er ein engagierter Trainer, der Menschen jeden Alters und Fitnesslevels individuell begleitet. Sein Ziel ist es, die Freude an Bewegung zu wecken und durch gezielte Betreuung persönliche Bestleistungen zu fördern.

Meine Arbeit und Ausführungen erheben keinen Anspruch auf Vollständigkeit. Sie dienen jedoch dazu, hilfreiche Hinweise und Unterstützung für ein besseres Verständnis des Golfsports zu bieten. Die folgenden Ausführungen wurden nach bestem Wissen und Gewissen erstellt. Der Autor übernimmt keine Haftung oder Gewähr.

Haftungsausschluss:

Das Werk inklusive aller Inhalte wurde unter größter Sorgfalt erarbeitet. Dennoch übernimmt der Autor keine Haftung für die Aktualität, Richtigkeit von Angaben, Ratschlägen, Hinweisen und Vollständigkeit der Inhalte, ebenso wenig für Druckfehler.

Die Benutzung dieser Arbeit und die Umsetzung der darin enthaltenen Beschreibungen, Darstellungen, Hinweise und Informationen erfolgen ausdrücklich auf eigenes Risiko. Der Autor kann für etwaige Unfälle und Schäden jeder Art, aus keinem Rechtsgrund, eine Haftung übernehmen. Haftungsansprüche gegen den Autor für Schäden materieller, menschlicher oder ideeller Art sind grundsätzlich ausgeschlossen.

Für die Inhalte von den in diesem Buch abgedruckten Internetseiten sind ausschließlich die Betreiber der jeweiligen Internetseiten verantwortlich. Der Autor hat keinen Einfluss auf Gestaltung und Inhalte fremder Internetseiten. Zum Zeitpunkt der Verwendung waren keinerlei illegale Inhalte auf den Webseiten vorhanden.

Inhaltsverzeichnis

1. Vor dem Schlag 3

   1.1. Aufwärmen 3

   1.2. Ansprechposition 3

   1.3. Griffhaltung 4

   1.4. Spieler & Ballabstand 5

   1.5. Ball-Flug-Gesetze 6

   1.6. Verhalten am Platz 7

   1.7. Spielziel 7

2. Schlägerkunde 8

3. Schwung 9

   3.1. Lernreihenfolge 9

   3.2. Halbe L-Schwünge 10

   3.3. Volle L-Schwünge 11

   3.4. Y-Schwung 14

4. Kurzes Spiel: Putten 15

   4.1. Übungen Putten 16

   4.2. Tipps zum Putten 18

5. Kurzes Spiel: Chippen 19

   5.1. Übungen Chippen 20

   5.2. Tipps zum Chippen 23

6. Kurzes Spiel: Pitchen 25

   6.1. Übungen Pitchen 26

   6.2. Tipps zum Pitchen 28

7. Hindernisse: Bunkerschlag 30

   7.1. Übungen Bunkerschlag 31

   7.2. Tipps zum Bunkerschlag 34

8.   Schwierige Lagen 35

   8.1.   Hanglage Bergauf 35

   8.2.   Hanglage Bergab 35

   8.3.   Seitliche Hanglagen 36

   8.4.   Schläge aus dem Rough 37

9.   Abschlag von Tee 40

   9.1.   Übungen Abschlag 41

   9.2.   Tipps zum Abschlag 42

10.   Langes Spiel auf dem Fairway 45

   10.1.   Übungen langes Spiel 45

   10.2.   Tipps zum langen Spiel 46

11.   Richtung schlagen 48

   11.1.   Übungen Richtung 48

   11.2.   Tipps zur Richtung 50

12.   Fehlerkorrekturen 51

13.   Golftraining 54

   13.1.   Einschlagen 54

   13.2.   Prinzipien 54

   13.3.   Trainingseinheiten 56

14.   Vokabeln 58

15.   Zusammenfassung 60

16.   Verzeichnisse 62

   16.1.   Literaturverzeichnis 62

   16.2.   Tabellenverzeichnis 62

ABSTRACT

Golf Kompakt – Der ideale Begleiter für Ihr Training und Spiel! Steigern Sie die Freude am Golfspiel und verbessern Sie Ihre Fähigkeiten mit Golf Kompakt! Dieses praxisnahe Übungshandbuch bietet:

- **Fundierte Grundlagen**: Lernen Sie die Techniken und Prinzipien des Golfsports, kurz und prägnant erklärt.
- **Praktische Übungen**: Profitieren Sie von bewährten Übungsmethoden und Variationen für alle Spielarten.
- **Erfolgstipps**: Steigern Sie Ihre Präzision und Richtung mit wertvollen Tipps für Ihr nächstes Spiel.

Ob Anfänger oder Fortgeschrittener – mit Golf Kompakt holen Sie das Beste aus Ihrem Spiel heraus. Golf ist mehr als nur ein Spiel – es ist eine Leidenschaft, die Technik, Präzision und Konzentration erfordert. Egal, ob Anfänger oder bereits erfahrener Spieler, dieses Buch gibt wertvolle Theorie, Übungen und praktische Tipps, um Ihr Spiel zu verbessern und Ihre Golfziele zu erreichen.
Ihr Schlüssel zu einem besseren Golfspiel.

1. Vor dem Schlag

1.1. Aufwärmen

Das Aufwärmen spielt im Golfsport eine entscheidende Rolle, um den Körper optimal auf die Belastungen (Konzentration, Gelenke, Muskeln) vorzubereiten und gleichzeitig Verletzungen zu vermeiden. Dazu sollten Übungen zur Erwärmung der Muskulatur und der Gelenke ausgeführt werden. Nachfolgend ist eine kleine Auswahl an Übungen benannt:

* Kniebeugen, Hüftkreisen/-rotation, Schulterkreisen, Seitwärtsbeugen, Handgelenkbewegung, Dehnübungen, Ausfallschritt, usw.

1.2. Ansprechposition

Die Ansprechposition stellt ein Golf-Ritual dar. Jeder Ballkontakt sollte so angegangen werden.

* Gehe zum Ball und betrachte die Achse Ball – Fahne (Loch).
* Stehe parallel zur Zielachse, d.h. Schulterlinie = Linie Ball – Ziel (Loch).
* Lege die Schlägersohle hinter dem Ball ab und richte die Schlagfläche auf Square (90^0 Grad) aus.
* Füße max. schulterbreit bei Driver auseinander, gemessen an der Innenseite der Schuhe. Mit kürzeren Schlägern entsprechend enger stehen.
* Der Schlägerschaft zeigt zur Gürtelschnalle.
* Zur Ausrichtung in die leichte Hocke gehen, Knie gehen nach vorne, sodass die Schnürsenkel nicht mehr sichtbar sind. Die Arme hängen vor dem Körper, Becken rückwärts hinausdrücken, den Rücken gerade halten und Augen über den Ball bringen.

- Gewicht einpendeln 50 %/50 % oder 60 % rechts/40 % links.
- Der Blick ist auf den Ball gerichtet.
- Die rechte Schulter ist tiefer als die linke Schulter.

Damit wird das geometrische Gerüst der Ausrichtung bewirkt:

Richtung	Geometrie
Linie: Ball – Ziel (Loch)	Parallel zur Linie: Schulter und Füße
Schulter- und Fußlinie	Parallel zur Linie: Ball – Ziel
Schlägerblatt gerade	Square zur Linie: Ball – Ziel
Maximale Standbreite	= Schulterbreite
Ball liegt auf Kopfhöhe	

Tabelle 1: Ausrichtung

1.3. Griffhaltung

Vor dem Schlag wird die Schlägersohle auf dem Boden hinter dem Ball abgelegt.

- Es ist ein Spiel der linken Hand, daher ruht die rechte Hand unter dem Griff.
- Der Schläger wird am Griffende gehalten (max. 1 cm vor dem Ende).
- Die linke Hand greift zuerst, linker Daumen gerade oder leicht nach links gerichtet. Schlägergriff wird diagonal von der linken Handfläche ergriffen.
  Ausnahme Putter: Dort wird der Schlägergriff gerade in die Handfläche gelegt.
- Die rechte Hand folgt von rechts außen. Hände liegen parallel zueinander.
- Kleiner Finger der rechten Hand liegt auf dem Zeigefinger der linken Hand.
- 2 bis 2,5 Knöchel der linken Hand sind von oben sichtbar.
- 1 Knöchel der rechten Hand ist von oben sichtbar.

- Leichter Griffdruck, welcher von den Fingern aus geht. Dies ermöglicht erst den unverkrampften Schwung.
  Stellen Sie sich vor, eine geöffnete PET-Flasche oder Tube Senf in der Hand zu halten, ohne diese zu zerdrücken.

Übung: Schläger greifen

- Die rechte Hand hält Schläger vor dem Körper horizontal. Die linke Hand ergreift den Schlägergriff diagonal im Handteller und die Finger schließen den Griff. Der Daumen wird entlang des Schlägergriffs ausgestreckt. Nun folgt die rechte Hand von außen. Der Griff ist vollendet mit der Ausrichtung der Knöchel.

1.4. Spieler & Ballabstand

Der Abstand des Golfers zum Ball wird durch die Wahl des Schlägers (Schlägerlänge) bestimmt.

- Stehen Sie aufrecht in der Ansprechposition. Ergreifen Sie den Schlägergriff korrekt mit beiden Händen vor dem Körper.
- Stecken Sie die Arme mit dem Schläger nach vorne aus. Der Oberkörper ist aufgerichtet, also gerade.
- Senken Sie den Schläger mit dem Arm auf circa Hüfthöhe ab.
- Gehen Sie im Anschluss etwas in die Knie.
- Beugen Sie jetzt den Oberkörper nach vorne, bis der Schläger am Boden aufliegt.
- Das ist der ideale Abstand, dort, wo der Schläger aufliegt, gehört der Ball hin.
- Korrektur des Spielerabstands zum Ball und Wiederholung des Vorgangs.

1.5. Ball-Flug-Gesetze

Schläger und Schlag bestimmen gemeinsam den Flug des Balles.

Schwungrichtung:

- Im Treffmoment muss die Schwungrichtung in Richtung Ziel gehen und die Schlagfläche den Ball square treffen.

Stellung des Schlägerblatts/Schlagfläche:

- Schlagflächen offen, d.h. nach rechts auf-gedreht.
  Schlagfläche geschlossen, d.h. nach links zu-gedreht.
  Korrekte Schlagfläche ist gerade, d.h. square zum Ziel.
  Wie die Schlägerfläche gedreht ist, dahin fliegt der Ball.

Auftreffwinkel:

- Der Auftreffwinkel und das Loft des Schlägers bestimmen die Flug-Höhe und den Drall. In erhöhten Lagen, wie bspw. der Abschlag vom Tee, wird der Ball unterschlagen.
  Ziel ist erst Ballkontakt und dann den Boden steifen. Somit ist der ideale Auftreffwinkel, wenn der Schlägerkopf entlang der Schwungbahn seinen tiefsten Punkt am Ball hat.

Treffpunkt:

- Der Ball sollte in der Mitte der Schlagfläche (Sweetspot) getroffen werden. Keinesfalls mit der Spitze oder Hacke treffen, denn dann fliegt der Ball kürzer oder gar nicht.

Schlägerkopf-Geschwindigkeit:

- Je höher die Schlägerkopf-Geschwindigkeit ist, desto weiter fliegt der Ball. Zusätzlich muss der Ball von der Schlagfläche des Schlägerkopfs mittig getroffen werden, damit er die volle Masse des Schlägerkopfs als Flugenergie mitbekommt.
- Probeschlag nicht vergessen.

1.6. Verhalten am Platz

***Golfregelwerk: Das Regelwerk besagt, sei ruhig und respektvoll, während andere Spieler spielen. Vermeide laute Geräusche und Bewegungen, die andere Spieler ablenken könnten. Warte, bis der vorherige Spieler seinen Schlag beendet hat, bevor ich mich auf meinen Schlag vorbereite. Schalte das Handy aus oder auf lautlos.

Geben Sie Golf-Hinweise nur auf konkrete Nachfrage der Mitspieler, denn es ist ein Gesellschaftsspiel in guter Laune und mit 90 Minuten Spaß unter Freunden.

Wenn Ihnen einmal nichts gelingen will, heben Sie den Ball nach dem achten Schlag auf, um den Spielfluss nicht zu verzögern. Halten Sie bitte den Flight nicht auf, aber konzentrieren Sie sich bei jedem Ihrer Schläge vollkommen.

Spielen Sie nur mit Golfschlägern, die Sie auch beherrschen.

1.7. Spielziel

Simon Sinek beschreibt in seinem Buch „Frag immer erst: warum", den Kern erfolgreicher Unternehmen. Das Warum des Golfspiels für Amateure lautet nach seiner Aussage „im Spiel bleiben". „Das Ziel ist nicht der Sieg", so schreibt er.

Golf ist eine Lebensaufgabe mit lebenslanger Lernkurve.

Ein Golf-Flight ist eine Gruppe von maximal vier Spielern, die gemeinsam zusammenspielen. Dabei handelt es sich um ein Gesellschaftsspiel, das gute Laune und Spaß unter Freunden bereitet.

2. Schlägerkunde

Je höher der Ball fliegen soll, umso höher ist die Schlägernummer zu wählen. Je weiter der Ball fliegen soll, umso geringer ist die Schlägernummer auszuwählen.

Die Schläger werden mit abnehmender Nummer immer länger. Der längste Schläger ist Holz 1 (Driver 230 cm). Die kürzesten Schläger sind die Wedges (LW, SW, PW) und das Eisen 9 (120 cm).

- Es sind maximal 14 Schläger in der Golftasche zulässig.
- Jeder Spieler muss eine eigene Golftasche mitführen.
- Anfänger spielen hohe Schlägernummern wie Eisen 6-9. Anfänger sollten noch keine Eisen 2-4 und auch keine Driver (Holz 1) spielen.

Lie: Das Lie eines Golfschlägers bezeichnet den Winkel zwischen dem Schlägerkopf und dem Schaft. Größere Spieler benötigen in der Regel einen spitzeren Lie-Winkel als kleinere Spieler, wenn die Schlägerlängen individuell angepasst sind.

Loft: Das Loft beschreibt den Neigungswinkel der Schlägerfläche und beeinflusst, in welchem Winkel der Ball beim Schlag startet, sowie die erreichbare Weite mit dem Schläger. Es ist eine entscheidende Eigenschaft von Golfschlägern, wenn es um die Distanz geht, die mit ihnen gespielt werden soll.

3. Schwung

Die Bezeichnungen L-Schwung und Y-Schwung sind nützlich, um dem Golfer die Schwungmechaniken verständlich und vorstellbar zu machen. Der L-Schwung wird vor allem wegen der starken Schwungphase für Kraftaufbau, Weite, Geschwindigkeit und Stabilität verwendet.

Die Bezeichnung als L-Schwung (L) beschreibt eine Phase des Golfschwungs, bei der der Spieler mit den Armen und dem Schläger eine „L"-Form bildet. Dies tritt typischerweise im Rückschwung oder Nachschwung auf. Der L-Schwung zeigt eine gute Schwungmechanik und sorgt für eine effiziente Kraftübertragung.

Der Y-Schwung ist ein einfacher Schwung im kurzen Spiel, welcher für Stabilität und Ballkontrolle sorgt.

Die Bezeichnung als Y-Schwung (Y) beschreibt eine Position, in der die Arme und der Schläger eine „Y"-Form vor dem Körper bilden. Dies ist typisch für einen kurzen Schwung vor dem Körper und den Ballkontakt. Die Arme bleiben in einer natürlichen, aber steifen Position und pendeln den Schläger. Der Y-Schwung sorgt für eine präzise Richtung und Weite.

3.1. Lernreihenfolge

Die methodische Reihenfolge zum Erlernen der Schwünge sieht wie folgt aus:

- Einnehmen der rituelle Ansprechposition (vgl. Kap. 1.2).
- Beginn mit halbem Schwung erstmal, übe der Ballkontrolle und Beständigkeit des Schwungs.
- Für kurze Bälle wird erst Putten geübt, dann Chippen und Pitchen. Erst nach der Festigung, der Bunkerschlag.

- Voller Schwung sollte erst mit Fortschritt der Schlagfestigung und Koordination begonnen werden. Sein Ziel ist der Durchschwung (fegen, durchschlagen).

3.2. Halbe L-Schwünge

Der halbe Schwung im Golf ist eine verkürzte Version des vollen Schwungs und dient dazu, die Kontrolle, Präzision und Gefühl für kürzere Distanzen (z. B. 50-100 m) zu verbessern.
Methodische Vorgehensweise setzt Fokus auf Körperhaltung, Schwunglänge und Treffpunkt.

- Stand: Max. schulterbreiter Stand. Knie sind leicht gebeugt, dass die Schnürsenkel nicht sichtbar sind.
- Gewicht: Ruht zu max. 60 % auf dem hinteren rechten Fuß. Bei kurzen Schlägern eher 50/50 %.
- Ball: Mittig bis leicht vor der Mitte links.
- Ausrichtung: Füße, Hüften und Schultern sind parallel zur Ziellinie ausgerichtet.
- Griff: Neutraler Griff (z. B. Overlapping- oder Interlocking-Griff). Leicht und entspannter Griffdruck, welcher aus den Fingern kommt.
- Ausrichtung Schlagfläche: square zum Ziel, also 90 Grad.
- Oberkörper: Leichte Beugung nach vorne, Rücken bleibt gerade. Die Augen/Kopf sind über dem Ball.
- Ausholbewegung (Rückschwung): Schläger wird in einer flüssigen Bewegung bis etwa Hüfthöhe zurückgeführt, die Handgelenke knicken sanft ein (abwinkeln). Linker Arm gestreckt halten.
- Kopfhaltung: Kopf und Blick ruhen auf der Ballposition.

- Rückschwung: In der Körperbewegung rotieren die Hüften leicht. Die Schultern drehen sich um die Wirbelsäule, die Kopfposition bleibt stabil. Körper dreht nach rechts.
- Durchschwung: Der Schläger wird kontrolliert nach unten geführt, mit der Schlagfläche rechtwinklig zur Ballfluglinie ausgerichtet. In dieser gleichmäßigen Bewegung dreht der Körper nach links auf.
- Gewichtsverlagerung: Das Gewicht verlagert sich, geht mit dem Schwung auf den vorderen linken Fuß über.
- Nachschwung: Der Schläger schwingt bis zur Hüfthöhe aus. Die Handgelenke bleiben stabil, die Schultern drehen sanft mit. Brust und Oberkörper zeigen zum Ziel.
- Stand: Der Körper bleibt ausbalanciert, das Gewicht ruht auf dem vorderen Fuß. Innehalten, dann erst nach dem Ballflug sehen.

Variationen:

- Trainieren Sie den halben Schwung mit unterschiedlichen Schlägern (z. B. Wedges, Eisen 7).
- Visualisierung: Stellen Sie sich eine Uhr vor: Der Schläger wird beim Ausholen bis „9 Uhr" geführt und im Nachschwung bis „3 Uhr".

3.3. Volle L-Schwünge

3/4 Kraft ist ausreichend, denn das primäre Ziel ist die Richtung. Das langfristige Ziel „Weite" resultiert aus der Schläger-Kopf-Geschwindigkeit. Sie werden sehen, Weite kommt mit der Zeit von ganz von selbst.

- Stand: Maximal schulterbreiter Stand für Holz 3 und den Driver. Für alle kürzeren Schläger wird schmaler gestanden.

Knie sind leicht gebeugt, dass Schnürsenkel nicht sichtbar sind.

- Gewicht: Ruht zu max. 60 % auf dem hinteren rechten Fuß. Bei kurzen Schlägern 50/50 %.
- Ball: Mittig, bis leicht links vor der Mitte.
- Ausrichtung: Füße, Hüften und Schultern sind parallel zur Ziellinie ausgerichtet.
- Griff: Neutralen Griff (z. B. Overlapping- oder Interlocking-Griff). Leicht und entspannter Griffdruck, welcher aus den Fingern kommt.
- Ausrichtung Schlagfläche: Square zum Ziel, also 90 Grad.
- Oberkörper: Leichte Beugung nach vorne, Rücken bleibt gerade. Kopf/Augen ruhen über dem Ball.
- Ausholbewegung: Der Schläger wird in einer fließenden Bewegung zurückgeführt, bis er über die Schulter reicht. Die Handgelenke knicken sanft ein. Körper dreht nach links auf.
- Gewicht: Gewicht verlagert sich im Rückschwung auf den rechten hinteren Fuß. Beide Füße haben Bodenkontakt.
- Kopfhaltung: Kopf und Blick bleiben fixiert auf die Ballposition.
- Körperbewegung: Die Hüften rotieren leicht. Schultern drehen sich um die Wirbelsäule (ca. 90°), während die Hüfte um ca. 45° mit dreht.
- Durchschwung: Die Hüfte startet die Bewegung, gefolgt von den Schultern und den Armen. Das Gewicht verlagert sich dynamisch auf den vorderen Fuß. Der Schläger wird gleichmäßig beschleunigt (durch geschwungen).
- Schlägerführung: Schläger wird mit gleichmäßig zunehmender Geschwindigkeit auf den Ball zugeführt. Die Schlagfläche bleibt rechtwinklig zur Ziellinie, um einen geraden

Ballflug zu erzeugen. Im Treffpunkt ist der rechte Arm gerade und die rechte Verse hebt vom Boden ab.

- Körperhaltung: Der Oberkörper bleibt stabil, der Kopf bleibt hinter dem Ball. Die Hände sind leicht vor dem Ball, wodurch der Schlägerkopf den Ball optimal trifft.
- Nachschwung: Der Schläger schwingt in einem weiten Bogen über die gegenüberliegende Schulter aus. Brust, Schultern und Oberkörper zeigen zum Ziel.
- Stand: Der Körper rotiert vollständig, das Gewicht ruht auf dem linken vorderen Fuß. Die rechte Fußspitze hat Bodenkontakt.
- Der Oberkörper zeigt zum Ziel, das Gleichgewicht ist stabil. Verharren und dann erst nach dem Ballflug sehen.

Variationen:
- Trainieren Sie den vollen Schwung ohne Ball. Übe den Bewegungsablauf, Rotation, Körperstellung und Gewichtsverlagerung sowie den Ball-Treffmoment und leichtes Streifen des Bodens.
- Trainieren Sie den vollen Schwung in Zeitlupe und spüren Sie die einzelnen Positionen/Haltungen im Durchlauf.
- Trainieren Sie den vollen Schwung mit unterschiedlichen Schlägern (z. B. Wedges, Eisen 7, Holz, …).
- Trainieren Sie die Schwungphasen einzeln (Griff, Stand, Rückschwung, Durchschwung und Nachschwung) ohne Ball.
- Trainiere den Rhythmus: langsamer Rückschwung, Übergang, Beschleunigung durch den Ball, Übergang und langsamer Nachschwung.

- Schwungkreis: Zum Training der Schwungrichtung stellt man sich rückwärts ca. 50 cm vor eine Wand. Begonnen wird mit dem kurzen Eisen. Der gewählte Schläger wird durch geschwungen und darf die Wand nicht berühren. Korrekte Schwungkreisbewegung.
  Achtung: auf eigene Gefahr. Es besteht die Gefahr der Beschädigung der Wand!

3.4. Y-Schwung

Der Y-Schwung ist eine einfache, aber effektive Technik, um Golfschläge stabil, präzise und leicht reproduzierbar im kurzen Spiel zu schlagen.

- Die Arme des Spielers und der Schlägerschaft bilden die Form eines „Y". Er geht vom geraden Griff am Schläger aus, während die gestreckten Arme die beiden oberen Linien des „Y" bilden.
- Der Y-Schwung zeigt eine gleichmäßige Bewegung von Armen, Schultern und Schläger.
- Achten Sie darauf, dass das „Y" während des Rückschwungs und Nachschwungs erhalten bleibt.
- Es besteht keine Rotation des Körpers, die Bewegung ist reduziert auf das „Y". Die Hüft- und Schulterrotation bleibt minimal, um den Fokus auf die Ballkontrolle und die richtige Ballberührung zu legen.
- Der Schlägerkopf bleibt stabil. Ziel sind präzise, kurze Schläge zum Putten oder Chippen.

Vermeiden Sie die typischen Schwungfehler wie das Überdrehen des Schlägers oder eine falsche Gewichtsverlagerung.

4.   Kurzes Spiel: Putten

***Golfregelwerk:

Es sind keine Caddys, Golftrolleys oder Golfbags auf dem Grün zulässig. Laufen Sie nicht über die Putt-Linie Ihrer Mitspieler. Grün-Schäden auf der eigenen Putt-Linie darf man vor dem Schlag nicht reparieren. Der Ball darf auf dem Grün markiert, aufgenommen und gereinigt werden. Lose Hindernisse auf dem Grün dürfen entfernt werden. Die eigene Ausrüstung darf nicht angespielt (Ballkontakt) werden. Der Ball darf den Flaggenstock nicht treffen, d.h. die Flagge muss bedient oder herausgenommen sein. Wenn die Fahne bedient wird, wird die Flagge mit der Hand fixiert.

Putter-Ziel lautet: mit zwei Schlägen ins Loch.
Im Annäherungsschlag sollte der Ball maximal 20-50 cm über das Loch hinaus rollen.

Doing: Lesen Sie den Boden aus (gerade, hügelig, fallend, steigend, usw.). Bodenunebenheiten und Bodenbeschaffenheit müssen in Ihre gedachte Putt-Linie einfließen. Den Ballmarker hinter den Ball legen, den Ball aufnehmen und reinigen.

Trick: Blicken Sie über den Ball auf das Loch zu. Merken Sie sich einen Punkt, kurz hinter dem Ball, auf ihrer gedachten Putt-Linie. Diesen spielen Sie im Y-Schwung an.

Putter-Theorie:
- Griff: Gerader Griff im Handteller. Schläger geht gerade durch die Handflächen. Leichter Griffdruck von etwa 70 - 80 %, der aus den Fingern kommt. Der Schläger kann/wird

kürzer gegriffen werden, denn der Oberkörper kommt im Y-Schlag tiefer.

- Stand: Die Füße stehen eng zueinander und maximal ein Schlägerblatt breit. Augen und Kopf befinden sich über dem Ball.
- Ballposition: Mittig, evtl. leicht rechts. Der Ball wird im Aufschwung oder am Tiefpunkt des Schwungs getroffen.
- Gewicht: 50 % links, 50 % rechts.
- Unterkörper: Richten Sie den Putter und die Schultern exakt zur Putter-Linie (Ball-Loch) aus. Unterkörper, Handgelenke und Beine bleiben ruhig, ohne Bewegung (frozen).
- Y-Schwung: Schulter-und-Arme pendeln steif vor dem Körper. Es ist ein kontrollierter, aber kraftloser Schlag. Achten Sie darauf, dass der Putterkopf nach dem Kontakt mit dem Ball weiterhin gerade bleibt, nachschwingt und nicht nach links oder rechts abweicht.
- Schlaglänge: Diese wird bestimmt über die Ausholbewegung (Weite), nicht Kraft. Merke: Ihr rechter und linker Schuh begrenzen die Schwungbahn.
- Rückschwung: Kurz und kontrolliert sein, ohne die Handgelenke zu benutzen. Führen Sie den Putterkopf gerade zurück, wobei die Bewegung hauptsächlich aus den Schultern kommt.
- Kopf: Vermeide den Kopf sofort nach dem Schlag zu heben, um den Ball zu verfolgen.

4.1. Übungen Putten

Y-Haltung

- Legen Sie sich einen zweiten Schläger quer über die Brust, unter die Oberarme.

- Üben Sie das Y-Pendel mit passiven Händen und fixierter Arm-Schulter-Bewegung.
- Training: Fixierter Unter- und Oberkörper (frozen).

Korridor-Putten
- Legen Sie zwei Schläger oder Alignment Sticks parallel zueinander auf das Grün, um einen Korridor zu bilden.
- Putte den Ball durch den Korridor, ohne die Schläger zu berühren.
- Training: Verbessern die Genauigkeit und Kontrolle über die Puttlinie.
- Variation: Stecke/lege Tees oder Münzen auf dem Grün ab, um die Putt-Linie zu simulieren. Übe, den Ball daran vorbeizuführen.

Zielkreis
- Stecke einen Kreis aus Tees in einem Abstand von etwa 50 cm, um das Loch.
- Putte den Ball in den Kreis (Annäherungsschlag).
- Verbesserte Distanzkontrolle und Präzision für Annäherungen.
- Variation: Verkleinern Sie den Kreis.
- Variation: Putte auf dem Grün und vom Vorgrün auf das Grün.

Ein-Bein-Putten
- Stehen Sie auf einem Bein.
- Halten Sie das Gleichgewicht und führe den Putt aus.
- Training: Stärken der Stabilität, passiver Körper und Balance während des puttens.

Distanz-Übung

- Lege Sie mehrere Bälle, mit zunehmender Distanz von 25 cm, kreisförmig um das Loch herum.
- Putte den Ball aus den Distanzen von nah (innen) beginnend in das Loch.
- Training: Verbessert die Distanzkontrolle und Präzision bei kurzen Putts.
- Variation 1: Ball-Lagen auf unterschiedlichen Boden-Topografien oder Gelände-Formation.

4.2. Tipps zum Putten

Fokus auf den Putterkopf (Schlägerkopf)

- Übe und konzentrieren Sie sich darauf, den Putterkopf gerade zurück und gerade durch den Ball zu führen.
- Atme kontrolliert. Ausatmen, ausholen, schlagen und einatmen.
- Trick: Reduziert die Wahrscheinlichkeit von Fehlschlägen und verbessert die Konsistenz.

Visualisierung

- Visualisieren Sie den perfekten Putt, vor dem Schlag. „So wird der Ball in das Loch rollen". Jeder Schlag ist ein Erfolg.
- Trick: Mentale Vorbereitung hilft, den Schlag selbstbewusster, sicher und präziser auszuführen.

5. Kurzes Spiel: Chippen

Der Chip ist ein flacher Schlag, bei dem der Ball überwiegend rollt. Er wird eingesetzt, um unebenen Boden zu überwinden, bevor der Ball auf dem Grün zum Loch rollt. Das Chippen kommt zum Einsatz, wenn das Putten aufgrund von Hindernissen oder der Bodenbeschaffenheit nicht möglich ist.

- Der Chip wird genutzt, um den Ball über kurze Distanzen (ca. 5–20 Meter) gezielt anzuheben.
- Ziel ist es, den Ball auf das Grün zu bringen und ihn kontrolliert in Richtung der Fahne rollen zu lassen.
- Diese Technik ist ideal für kurze Annäherungsschläge mit geringem Flug und hoher Präzision.

Technik:

- Der Y-Schwung ist kürzer und kontrollierter, ähnlich dem Putt. Die Handgelenke bleiben stabil (fest) und der Schlägerkopf wird flacher geführt. Chippen ist im Nahbereich (5 – 20 m) im Grunde wie Putten, nur mit anderen Schlägen.
- Häufig verwendete Schläger sind Sand Wedge, Lob Wedge, Pitching Wedge.
- Der Ball fliegt und rollt gleich weit. Gezielt wird auf den Landepunkt, dann rollt der Ball aus.

Chippen-Theorie:

- Griff: Leichter Griffdruck der aus den Fingern kommt. Schläger darf kürzer (tiefer) gegriffen werden!
- Stand: Die Füße stehen 20 cm eng zueinander. Spieler steht näher zum Ball, der Kopf ist über dem Ball. Linken Fuß leicht zurückziehen. Unterkörper bleibt passiv.
  Richten Sie das Schlägerblatt und die Schulterlinie exakt zur Ball-Ziellinie aus.

- Ballposition: Genau in der Mitte oder leicht rechts von der Mitte sein. Das Loft des Schlägerblattes hebt den Ball.
- Gewicht: 60 % links, 40 % rechts. Die Knie sind leicht gewinkelt. Im Durchschwung folgt das rechte Knie etwas in Richtung Ziel. Es wird nur eine kleine leichte Hüftdrehung vollzogen.
- Rückschwung: Der Y-Schwung wie beim Putten. Kurz und kontrolliert agieren, Arme und Schultern stehen zusammen, ohne die Handgelenke zu benutzen.
- Durchschwung: Knie bewegen sich leicht mit. Schlägerkopf muss nach dem Ball-Kontakt weiterhin gerade bleiben, nicht nach links oder rechts abweichen. Rechter Fuß verbleibt am Boden.
- Nachschwung und Rückschwund werden gleich weit ausgeführt. Die rechte Handfläche zeigt zum Ziel (nicht der Oberkörper).
- Schlaglänge: Wird bestimmt über die Ausholbewegung (Weite), nicht Kraft.
- Kopf: Vermeide den Kopf sofort nach dem Schlag zu heben, um den Ball zu verfolgen.

5.1. Übungen Chippen

Ball-Treff-Position

- Lege einen Ballmarker oder Münze hinter den Ball.
- Versuche, die Münze und den Ball zu chippen (treffen). Das Schlägerblatt wird nach unten durch den Ball geschwungen. Das Loft hebt den Ball.
- Training: Verbessert Treffen des Balls, Steifen des Grases und Treffen am Sweetspot
- Variation 1: Münze legen, Münze entfernen.

Zielscheiben-Chippen

- Stelle einen oder mehrere Ballkörbe in unterschiedlichen Entfernungen auf.
- Versuche, den Ball in oder um die verschiedenen Körbe zu chippen.
- Training: Verbessert Genauigkeit und Distanzkontrolle.
- Variation 1: Boden (Rough, Vorgrün, Fairway, Sand).
- Variation 2: Stand im Gelände (flach, schräg, bergauf, bergab).

Chippen mit verschiedenen Schlägern

- Verwende verschiedene Wedges z.B. Sand Wedge, Pitching Wedge oder Lob Wedge.
- Übe das Chippen mit unterschiedlichen Schlägern, um ein Gefühl für die verschiedenen Flugbahnen und Distanzen zu bekommen.
- Training: Erhöhen die Vielseitigkeit und Anpassungsfähigkeit auf dem Platz.
- Variation 1: Boden (Rough, Vorgrün, Fairway, Sand).
- Variation 2: Stand im Gelände (flach, schräg, bergauf, bergab).

Chippen aus verschiedenen Bodenlagen

- Übe das Chippen aus verschiedenen Lagen wie hohem Gras (Rough), Fairway, Sand oder harten Böden.
- Entwickle Sicherheit, um den Ball aus unterschiedlichen Ball-Lagen erfolgreich zu chippen.

- Training: Verbessert die Fähigkeit, sich an verschiedene Platzbedingungen anzupassen.

Chippen mit Zielkreisen

- Lege Zielkreise in verschiedenen Entfernungen (z.B. 5 Meter, 10 Meter, 20 Meter).
- Versuche, den Ball in die Zielkreise zu chippen (sammeln).
- Training: Verbessern die Präzision und Kontrolle bei kurzen Chips. Gibt Sicherheit für den Annäherungsschlag.
- Variation 1: Boden (Rough, Vorgrün, Fairway, Sand).
- Variation 2: Stand im Gelände (flach, schräg, bergauf, bergab).
- (Variation3: Chippen in das Loch).

Chippen mit Hindernissen

- Lege Hindernisse wie Schlägerhüllen, Golf-Bags oder Schläger auf dem Übungsgrün auf deine Chip-Linie.
- Übe das Chippen über die Hindernisse.
- Training: Verbessert die Fähigkeit, den Ball präzise zu platzieren und Hindernisse zu überwinden.
- Variation: Verändere den Abstand des Hindernisses zur Ball-Lage.

Chippen mit unterschiedlichen Schwunglängen

- Übe das Chippen mit verschiedenen Schwunglängen (z.B. Viertelschwung, Halbschwung, Dreiviertelschwung).
- Entwickle ein Gefühl für die verschiedenen Distanzen und Flugbahnen, die mit unterschiedlichen Schwunglängen erreicht werden können.

- Training: Erhöhen die Kontrolle und Vielseitigkeit bei Chip-Schlägen.
- Variation 1: Boden (Rough, Vorgrün, Fairway, Sand).
- Variation 2: Stand im Gelände (flach, schräg, bergauf, bergab).

Chippen mit Hilfsstange (Alignment Stick)
- Steck in das Griffstück des Schlägers ein Alignment Stick.
- Übe das Chippen mit dem Schläger und dem eingestecktem Alignment Stick, unter der linken Schulter/Brust.
- Training: Verbessert die Fähigkeit, den Schläger präzise zu führen.

Chippen und nicht löffeln
- Lege einen Schläger, Alignment Sick oder Hülle ca. eine Fuß-länge, hinter den Ball square zur Ball-Ziel-Linie ab.
- Übe das Chippen des Balls aus der korrekten Ansprechposition, ohne den Schläger (Stick, Hülle) zu berühren.
- Training: Verbesserter Treffpunkt, Vertrauen in den Schlägerloft und richtig ausgeführte Schwungbahn trainieren die Fähigkeit, den Schläger präzise zu führen.

5.2. Tipps zum Chippen

Ballposition anpassen
- Positioniere den Ball leicht rechts von der Mitte, um einen sauberen Kontakt zu gewährleisten.
- Trick: Hilft, den Ball präziser zu schlagen und die Flugbahn zu kontrollieren.

Gewicht auf dem linken Fuß

- Verlagere dein Gewicht auf den vorderen linken Fuß.
- Trick: Verbessern die Stabilität und Balance beim Chippen.

Kurzer und kontrollierter Rückschwung

- Halte den Rückschwung kurz und kontrolliert, um die Genauigkeit zu erhöhen.
- Trick: Reduziert die Wahrscheinlichkeit von Fehlweiten und verbessert die Präzision.

Fokus auf den Schlägerkopf

- Konzentrieren Sie sich darauf, den Schlägerkopf gerade durch den Ball zu führen und einen geraden Nachschwung auszuüben.
- Gras wird nur leicht gestreift.
- Trick: Verbessern die Konsistenz und Kontrolle beim Chippen.

Anteiliger Boden-/Luftwege beim Chippen:

Schläger	Luft Anteil	Boden Anteil
5er	1/10	9/10
6er	1/5	4/5
7er	1/4	3/4
8er	1/3	2/3
9er	1/2	1/2

Tabelle 2: Boden-/Luftweg Chippen

6.   Kurzes Spiel: Pitchen

Ein Pitch wird geschlagen, mit einem starken Loft-Schläger, um den Ball über eine mittlere Distanz (ca. 20- 50 Meter) hochzuschlagen. Oft um Hindernisse wie Bunker, Hügel oder Wasserhindernisse zu überwinden.

- Flugbahn: Der Ball hat eine mittlere bis höhere Flugbahn und landet weicher auf dem Fairway oder Grün, wodurch er weniger ausrollt, d.h. nach dem Landen rollt der Ball nur kurz.
- Technik: Der Schwung ähnelt einem verkürzten, vollen Schwung. Die Handgelenke sind aktiv und leicht gebeugt. Der Schlägerkopf wird steiler nach oben geführt, im Rückschwung.
- Die Entfernung zum Loch bestimmt die Ausholbewegung im Schwung.
- Schläger: Häufig verwendete Schläger sind Pitching Wedge oder Eisen 7 bis 9.

Pitchen-Theorie
- Griff: Normaler, diagonaler Griff. Leichter Griffdruck aus den Fingern.
- Stand: Die Füße stehen enger als schulterbreit. Der Kopf ruht über dem Ball. Der linke Fuß wird leicht zurückgezogen.
- Ballposition: Mittig oder leicht links von der Mitte sein.
- Gewicht: 60 % links, 40 % rechts.
- Schwung: L-Schwung mit aktivem Handgelenk.
- Durchschwung: Schlagfläche square im Treffmoment und geöffnet. Das Loft soll den Ball heben. Der Schlägerkopf muss nach dem Ball-Kontakt weiterhin gerade geschwungen bleiben, nicht nach links oder rechts abweichen.

- Schlaglänge: Diese wird bestimmt über die Weite der Ausholbewegung, nicht durch Kraft. Rückschwund und Nachschwung werden gleich weit ausgeführt.
- Kopf: Vermeide den Kopf sofort nach dem Schlag zu heben, um den Ball zu verfolgen.

6.1. Übungen Pitchen

Ball-Treff-Position

- Legen Sie einen Ballmarker oder Münze hinter den Ball.
- Versuchen Sie, die Münze und den Ball zu pitchen (treffen).
- Training: Verbessert Treffen des Balls, streifen des Grases, Sweetspot.
- Variation 1: Münze legen, Münze entfernen, usw.

Zielscheiben-Pitchen (Landezone)

- Stellen Sie sich Landezonen (20 m, 30 m, 40 m, 50 m) in unterschiedlichen Entfernungen auf der Driving Range vor.
- Versuchen Sie, die Bälle in die Landezone zu pitchen.
- Training: Verbessert Genauigkeit und Distanzkontrolle.
- Variation 1: Boden (Rough, Fairway).
- Variation 2: Stand im Gelände (flach, schräg, bergauf, bergab).

Pitchen mit verschiedenen Schlägern

- Verwenden Sie verschiedene Schläger (z.B. PW, LW, Eisen 6 – 9, Holz 7 -5).
- Üben Sie das Pitchen mit unterschiedlichen Schlägern, um ein Gefühl für die verschiedenen Flugbahnen und Distanzen zu bekommen.

- Training: Festigung der Vielseitigkeit und Anpassungsfähigkeit auf dem Platz.
- Variation 1: Boden (Rough, Vorgrün, Fairway, Sand).
- Variation 2: Stand im Gelände (flach, schräg, bergauf, bergab).

Pitchen aus verschiedenen Lagen

- Üben Sie das Pitchen aus verschiedenen Lagen wie hohem Gras (Rough), Fairway oder harten Böden.
- Entwickeln Sie Techniken, um den Ball aus unterschiedlichen Lagen erfolgreich zu pitchen.
- Training: Verbessert die Fähigkeit, sich an verschiedene Platzbedingungen anzupassen. Steigert das Selbstvertrauen.

Pitchen vom Tee

- Pitchen Sie vom Tee. Machen Sie den Abstand Boden zu Tee immer kürzer.
- Versuchen Sie, den Ball ohne Tee in die Luft zu heben und weit zu schlagen (20 – 50 m).
- Training: Verbessern der Höhe und Weite im Pitch.
- Variation 1: Abstand Tee-Boden verändern und Variation des Bodens (Rough, Fairway).

Pitchen mit unterschiedlichen Schwunglängen

- Üben Sie das Pitchen mit verschiedenen Schwunglängen (z.B. Viertelschwung, Halbschwung, Dreiviertelschwung).

- Entwickeln Sie ein Gefühl für die verschiedenen Distanzen und Flugbahnen, die mit unterschiedlichen Schwunglängen erreicht werden können.
- Training: Steigern der Kontrolle und Vielseitigkeit bei Pitch-Schlägen.
- Variation 1: Boden (Rough, Fairway).
- Variation 2: Stand im Gelände (flach, schräg, Berg, Tal).
- Variation 3: Verwenden Sie verschiedene Schläger (z.B. PW, LW, Eisen 6 – 9, Holz 7 -5).

6.2. Tipps zum Pitchen

Ballposition anpassen

- Positionieren Sie den Ball leicht links von der Mitte, um einen sauberen Ballkontakt zu gewährleisten.
- Trick: Hilft, den Ball präziser zu schlagen und die Flugbahn zu steuern.

Gewicht auf dem linken Fuß

- Verlagern Sie ihr Gewicht auf den vorderen linken Fuß.
- Trick: Verbessern die Stabilität im Pitch.

Fokus auf den Schlägerkopf

- Konzentrieren Sie sich darauf, den Schlägerkopf gerade durch den Ball und gerade nachzuführen.
- Achten Sie auf eine korrekte Stellung des Schlägerblattes und den Treffpunkt (Sweetspot). Streife das Gras nur leicht.
- Trick: Verbessern die Selbsterfahrung und Kontrolle beim Pitchen.

Visualisierung

- Visualisieren Sie den perfekten Pitch vor dem Schlag. „Da landet der Ball und so wird er rollen".
- Trick: Mentale Vorbereitung hilft, den Schlag selbstbewusster und präziser auszuführen, denn jeder Schlag ist ein Erfolg.

7.   Hindernisse: Bunkerschlag

***Golfregelwerk: Lose natürliche Hindernisse dürfen entfernt werden. Ein im Wasser befindlicher Ball darf neu gedroppt werden. Wird der Ball für unspielbar erklären, darf der Ball außerhalb des Bunkers auf der rückwärtigen Spiellinie gedroppt werden, mit plus zwei Strafschlägen. Das Testen des Sands, das Absetzen des Schlägers im Sand, das Testen des Sands mit den Fingern und das Reinigen des Balls sind verboten. Probe-Schwünge dürfen den Sand nicht berühren.

***Golfetikette: Nach dem Schlag ist der Sand wieder zu glätten.

Ziel: Den Ball zurück auf das Fairway bringen.

Das starke Loft des Schlägers sorgt dafür, dass der Ball in die Höhe steigt. Der Ball wird bewusst durch einen unterschneidenden Schlag aus dem Sand gespielt. Die Sohle des Schlägers ist so konstruiert, dass sich der Schläger nicht tief in den Sand eingräbt. Ein voller Schwung ist erforderlich, um die notwendige Kraft für den Schlag zu entwickeln. Der Schläger gleitet durch den Sand und bildet ein "Sandkissen", das den Ball kontrolliert aus dem Bunker hebt.

Theorie Bunkerschlag:

* Grundsätzlich in der Vorbereitungsphase: Der Schläger ist immer „über den Sand zu halten".
* Griff: Normaler, diagonaler Griff. Leichter Griffdruck aus den Fingern.
* Stand: Die Füße stehen 20 cm auseinander. Den Stand nach links mit dem Fuß öffnen. Der Kopf gehört über dem Ball.

Trick: Schuhe in den Sand bohren, um auf gleiche Ball-Höhe zu gelangen. Dies ist gleichzeitig der einzig erlaubte Test zur Festigkeit des Sandes.

- Ballposition: Mittig, alternativ etwas links von der Mitte.
- Gewicht: 1/3 links, 2/3 rechts.
- Schlagfläche: Offen (Schlägerblatt zeigt zum Horizont) und Sole gerade. Das Blatt muss unter den Ball gleiten.
- Blick: Auf einen Punkt „2-3 cm <u>hinter</u> dem Ball".
  Es wird ein Sand-Divot herausgeschlagen, nicht der Ball!
  Das Sandkissen bewegt den Ball.
- Schlagkraft: + 1/3 mehr.
- Schwung: Voller L-Schwung, langer Rückschwung, aber früh abwinkeln.
- Durchschwung: Der Y-Schwung wird vollständig durch geschwungen.
- Kopf: Vermeide den Kopf sofort nach dem Schlag zu heben, um den Ball zu verfolgen.

Variation: Flacher Bunker auf dem Fairway:
- Situation: Der Bunker ist flach. Ihr Ziel ist es, den Ball weit aus dem Bunker herauszuschlagen. Somit darf auf Höhe verzichtet werden.
- Ballposition: Mehr rechts von der Mitte.
- Gewicht: 2/3 links, 1/3 rechts.
- Schlägerwahl: PW oder kurze Eisen, je nach Bunker-Rand-Höhe und gewünschte Flugweite.

7.1. Übungen Bunkerschlag
Ball-Treff-Position
- Ziehen Sie eine Linie mit den Fingern im Sand ca. 2 cm hinter dem Ball.

- Versuchen Sie, die Linie zu treffen, um ein Divot zu schlagen und den Ball zu heben.
- Training: Verbessert Treffen des Balls, Eindringpunkt des Schlägerkopfes in den Sand.
- Variation 1: Stand im Bunker (flach, schräg, bergauf, bergab).

Sand-Kreise treffen

- Zeichnen Sie vier Kreise nebeneinander in den Sand mit unterschiedlichen Durchmessern.
- Versuchen Sie die Schlagfläche am Kreisrand eindringen zu lassen.
- Training: Verbessert das Unterschlagen des Balls, heben des Sandkissens und Eindringen der Schlagfläche.
- Variation 1: Schlage das Sandkissen ohne Ball und mit Ball.
- Variation 2: Verändere die Kreise im Durchmesser 2 – 5 cm.
- Variation 3: Stand im Bunker (flach, schräg, bergauf, bergab).

Tee schlagen

- Stecken Sie 1 -10 Tee´s in den Sand und ziehen Sie eine Linie hinter die Tee´s in ca. 2 - 5 cm Abstand.
- Versuchen Sie den Tee aus dem Sand zu schlagen.
- Training: Verbessert das Unterschlagen des Balls.

Bunkerschläge einarmig

- Üben Sie das einarmige Schlagen mit der rechten Hand.

- Entwickeln Sie ein Gefühl für das Gleiten des Schlägerkopfes durch den Sand und das Herausheben des Balls. Beobachten Sie das Sandkissen.
- Training: Erlange Gefühl für das Loft und Funktion des Sandkissens.
- Variation 1: Verwende verschiedene Wedges (z.B. Eisen 9, Pitching Wedge, Sand Wedge, Lob Wedge).
- Variation 2: Üben Sie mit und ohne Ball.

Bunkerschlag mit verschiedenen Schlägern
- Verwenden Sie verschiedene loftstarke Schläger (z.B. Eisen 9, Pitching Wedge, Sand Wedge, Lob Wedge).
- Üben Sie den Bunkerschlag mit unterschiedlichen Schlägern, um ein Gefühl für die verschiedenen Flugbahnen und Distanzen zu bekommen.
- Training: Erhöhen die Vielseitigkeit und Anpassungsfähigkeit auf dem Platz.
- Variation 1: Ball-Lagen im Sand (auf, halb eingebohrt, eingebohrt).
- Variation 2: Konsistenz des Sands (lose, trocken und lose, fest, nass, …).
- Variation 3: Lege Hindernisse in den Bunker (Tees, Blätter, Äste, Hüllen, …).

Bunkerschlag aus verschiedenen Ball-Lagen
- Bspw.: Der Ball liegt auf dem Sand, Ball ist eingebohrt, ein Spiegelei, der Ball liegt am Rand, der Ball liegt vor hohem Rand, der Ball liegt am flachen Rand, usw.

- Trainieren Sie die oben genannten Schläger und Techniken, um den Ball aus unterschiedlichen Lagen herauszuheben.
- Training: Verbessert die Fähigkeit, sich an verschiedene Platzbedingungen anzupassen.

Bunkerschläge in Landezonen schlagen
- Legen Sie Landezonen in verschiedenen Entfernungen und Richtungen fest.
- Versuchen Sie, den Ball in die Landezone zu schlagen (landen).
- Training: Verbessert die Präzision und Kontrolle bei Bunkerschlägen.

Nach Trainingsabschluss bitte den Sandbunker glattziehen.

7.2. Tipps zum Bunkerschlag

Fokus auf den Schlägerkopf
- Konzentrieren Sie sich darauf, den Schlägerkopf steil von oben und durch den Sand zu gleiten/zu führen. Der Ball wird auf einem Sandkissen gehoben.
- Trick: Verbessern die Blatt- und Schlägerführung beim Bunkerschlag.

Visualisierung
- Visualisieren Sie den perfekten Bunkerschlag. „So wird der Ball aus dem Bunker herausfliegen".
- Trick: Mentale Vorbereitung hilft, den Schlag selbstbewusster, sicher und präziser auszuführen.

8.   Schwierige Lagen

Die Grundregel für schwierige Lagen lautet, dass sich der Spieler an die Neigung des Hangs anpassen muss. Dafür sollte die Körperachse parallel zur Hangachse ausgerichtet werden. Dies wird durch die Stellung der Beine ermöglicht: Sowohl die Schulterachse als auch die Knieachse sollten parallel zum Hang verlaufen. Auf diese Weise kann der Schwung optimal an die Hangneigung angepasst und parallel zum Boden ausgeführt werden.

8.1. Hanglage Bergauf

Bergauf ist der Hang ansteigend. Der Spieler steht im rechten Winkel (square) zum Anstieg des Hanges.
Herausforderung: Der Schläger darf sich nicht im Hang verfangen oder stecken bleiben.

- Oberkörper nach rechts neigen, bis die Schulterachse parallel zum Hang liegt.
- Das Gewicht auf das im Tal liegende Bein legen. Die Knie beugen.
- Ball liegt links von der Mitte.
- Wähle den Schläger ein bis zwei Nummer länger, denn der Ball wird hoch und weit fliegen. Denn die Körperhaltung wird ein zusätzliches Loft erzeugen.
- Schläger kann/darf kürzer gegriffen werden.
- Schlägerblatt zeigt nach rechts (geöffnet).

8.2. Hanglage Bergab

Bergab ist der Hang abfallend. Der Spieler steht im rechten Winkel zum abfallenden Gelände (square).

Herausforderung: Der Schläger darf sich nicht im Hang verfangen oder stecken bleiben.

- Oberkörper nach links neigen (hangabwärts), bis die Schulterachse parallel zum Hang liegt. Die rechte Seite kommt hoch.
- Das Gewicht auf das zum Tal liegende Bein legen. Die Knie beugen.
- Der Ball liegt rechts von der Mitte.
- Wählen Sie den Schläger eine Nummer kürzer (Schläger mit mehr Loft), denn Hanglage neutralisiert das Loft.
- Das Schlägerblatt zeigt nach recht (geöffnet).
- Schlagpunkt: Der Ball wird tief getroffen.

8.3. Seitliche Hanglagen

In seitlichen Hanglagen, wenn der Ball tiefer liegt, als der Spieler zu dem Ball steht, dann:
- Schläger so hoch wie möglich greifen.
- Oberkörper aus der Hüfte heraus nach vorne tiefer beugen.
- Die Knie weniger stark beugen. Die Augen über den Ball bringen.
- Die Schlagausführung wird steil und das Körpergewicht lastet auf den Fersen.
- Da eine Schwungbahn mit aufrechtem Körper geschlagen wird, muss der Spieler mehr nach vorne schwingen, anstatt um den Körper herum.
- Den Körper nach links ausrichten, am Ziel vorbei, um die Ball-Flugbahn von links nach rechts auszugleichen. Der Ball fliegt mit einem rechten Drall nach links.
  Regel: Der Ball fliegt, wie er in der Bodenlage rollen würde.

In seitlichen Hanglagen, wenn der Ball höher liegt, als der Spieler zu dem Ball steht, dann:

- Sich anpassen, d.h. Schläger kürzer fassen am Schaft.
- Oberkörper aus der Hüfte heraus wenig nach vorne beugen. Knie weniger stark beugen. Insgesamt aufrechter stehen.
- Ball liegt in der Standmitte.
- Gewicht auf die Fußzehe legen.
- Wählen Sie einen Schläger mit weniger Loft (Eisen 7 -9).
- Es wird eine flache Schwungbahn, um den Körper rundherum, geschlagen.
- Der Körper wird nach rechts ausgerichtet, am Ziel vorbei, um die Ball-Flugbahn (von rechts nach links) auszugleichen.

8.4. Schläge aus dem Rough

Rough bezeichnet die nicht gemähten Flächen abseits des Fairways. Das spielerische Ziel lautet, zurück auf das Fairway.

***Golfregelwerk: Bälle, welche im Naturschutzgebiet liegen (Kennzeichnung der Fläche), dürfen nicht gesucht oder geschlagen werden. Liegt der Ball im Aus, darf er neu gedroppt werden. Einen provisorischen Ball zu spielen ist zulässig.

- Schlägerwahl: Verwende einen Schläger mit mehr Loft, wie ein Sand Wedge oder Lob Wedge oder Eisen 8 -9 für tiefe Balllagen im hohen Gras.
- Ballposition: Positionieren Sie den Ball leicht rechts von der Standmitte.
- Griffhaltung: Halten Sie den Schläger etwas fester als gewöhnlich, um mehr Kontrolle zu haben (im Graskontakt). Der Schläger verfängt sich im hohen Grass.

- Gewicht: Verlagern Sie ihr Gewicht auf den vorderen linken Fuß, damit der Schläger einen steileren Auftreffwinkel erfährt.
- Durchschwung: Im Durchschwung sollte der Schlägerkopf den Ball sauber treffen und herausheben.
- Nachhalten: Halten Sie die Position nach dem Schlag, um die Richtung und Kontrolle zu gewährleisten.

Liegt der Ball hoch auf vom Gras behalten, ist es einfacher und längere Schläger und Schlagweiten werden möglich.
Herausforderung: Der Schläger darf sich nicht im Hang verfangen oder stecken bleiben.

<u>Übungen zum Rough (hohen Gras)</u>
Schwungtempo-Übung
- Üben Sie das Schlagen mit verschiedenen Schwungtempi, von langsam bis schnell.
- Finden Sie das optimale Schwungtempo, das die beste Kontrolle und Distanz ermöglicht.
- Training: Erhöht die Sicherheit beim Schlag aus hohem Gras.

Übung mit verschiedenen Schlägern
- Üben Sie das Schlagen aus hohem Gras mit verschiedenen Schlägern, wie z.B. Sand Wedge, Lob Wedge, Pitching Wedge, Eisen 9 oder Eisen 8.
- Entwickeln Sie ein Gefühl für die verschiedenen Flugbahnen und Distanzen, die mit unterschiedlichen Schlägern erreicht werden können.
- Training: Anpassungsfähigkeit auf dem Platz.

<u>Ticks aus dem Rough:</u>
Schlägerblatt öffnen

- Öffnen Sie das Schlägerblatt aktiv und mehr, um mehr Loft zu erzeugen und den Ball höher zu schlagen.
- Versuche unterschiedliche loftstarke Schläger (SW, PW, LW, Eisen 9).

Steilerer Schwung

- Führen Sie einen steileren Schwung aus, um den Schlägerkopf besser durch das hohe Gras zu führen.
- Das reduziert den Widerstand des Grases und ermöglicht einen saubereren Kontakt mit dem Ball.

Festerer Griff

- Halten Sie den Schläger etwas fester als gewöhnlich, um mehr Kontrolle zu haben.
- Das verhindert, dass der Schlägerkopf im hohen Gras hängen bleibt.

9.　　Abschlag von Tee

***Golfregelwerk: Der Ball darf auf Tee aufgelegt werden und der Ball muss innerhalb der Abschlagsmarkierung auf dem Tee platziert sein. Der Spieler darf außerhalb der Abschlagsmarkierung stehen. Es ist die Abschlagsreihenfolge zu beachten, d.h. wer hat die Ehre oder Rest-Ehre. Der Ball gilt als nicht gespielt, solange er die Abschlagsmarkierung nicht vollständig verlassen hat.

Die Abschlagfarben bedeuten: blauer Abschlag = Senioren, roter Abschlag = Damen, gelber Abschlag = Herren, schwarzer Abschlag = Champions Damen und weißer Abschlag = Champions Herren. Setzten Sie den Ball in der Mitte der Abschlaglinie auf den Tee.

Theorie zum Abschlag
- Griff: Halten Sie den Schläger mit einem normalen Griff in der Handfläche diagonal fest. Die Finger fassen den Schlägerschaft, aber die Hand ist nicht verkrampft.
- Stand: Stehen Sie mit leicht gebeugten Knien und einer leichten Neigung des Oberkörpers. Die Füße sollten schulterbreit auseinander stehen. Gewicht 60 % auf rechtem Bein und 40 % auf dem linken Bein.
- Ballposition: Ball für Driver sollte der Ball auf der Höhe der Schuhinnenkante des linken Fußes liegen. Bälle für mittlere Hölzer oder Eisen liegt links der Mitte.
- Durchschwung: Der Durchschwung sollte eine Fortsetzung des Rückschwungs sein, wobei der Schlägerkopf den Ball sauber trifft. Achte darauf, dass der Schlägerkopf nach dem Kontakt mit dem Ball weiterhin gerade bleibt und nicht nach

links oder rechts abweicht. Der Schläger soll durch den Ball fegen/gleiten und eine kraftvolle Flugbahn erhalten.

- Nachhalten: Halten Sie die Position nach dem Schlag, um die Stabilität und Kontrolle zu gewährleisten.
- Kopf: Vermeiden Sie den Kopf sofort nach dem Schlag zu heben, um den Ball zu verfolgen.

9.1. Übungen Abschlag

Zielscheiben-Übung

- Stellen Sie sich Zielkreise, in unterschiedlichen Entfernungen, auf der Driving Range vor.
- Versuchen Sie, den Ball auf die verschiedenen Zielkreise zu schlagen.
- Training: Verbessern der Richtung und Distanzkontrolle.

Schwungtempo-Übung (Schlägerkopfgeschwindigkeit)

- Üben Sie das Abschlagen mit verschiedenen Schwungtempi, von langsam bis schnell.
- Finden Sie das optimale Schwungtempo, das Ihnen die beste Ballkontrolle und Distanz ermöglicht.
- Training: Schlägerkopfgeschwindigkeit beim Abschlag.

Schwungpfad-Übung

- Legen Sie zwei Schläger oder Alignment Sticks parallel zueinander auf den Boden, um den Pfad im Durchschwung darzustellen.
- Führe den Schlägerkopf gerade zurück und gerade durch den Ball.

- Training: Verbessert gerade Schläge.

Videoanalyse

- Nehmen Sie ihren Schwung mit einer Kamera in Zeitlupe (engl. slow motion (Slo-Mo)) auf und analysieren Sie die Aufnahmen.
- Identifizieren Sie die Schwachstellen und arbeite aktiv an der Verbesserung ihrer Technik.
- Training: Schwachstellen eliminieren, Bewusstsein für die eigene Technik erhöhen, Selbstwahrnehmung.

Übung mit verschiedenen Tee-Höhen

- Üben Sie das Abschlagen mit verschiedenen Tee-Höhen, um ein Gefühl für die optimale Ballposition zu bekommen. Nutze ggf. Kontaktspray, trage Kreidespray auf das Schläger-blatt auf oder verwende Impact Tape auf dem Schlägerblatt. Finden Sie die ideale Tee-Höhe, die dir die beste Kontrolle, Gerade und Distanz ermöglicht.
- Training: Erhöht den idealen Treffpunkt und gibt Sicherheit im Abschlag.

9.2. Tipps zum Abschlag

Langer und kontrollierter Rückschwung

- Halten Sie den Rückschwung lang und kontrolliert, um die Genauigkeit zu erhöhen. Drehe den ganzen Körper nach vorne, Brust und rechtes Bein müssen zum Landepunkt (Ziel) zeigen.
- Trick: Verbesserter Durchschwung und die Richtung.

Fokus auf den Schlägerkopf

- Bleibe konzentriert darauf, den Ball mit dem Schlägerkopf perfekt zu treffen und den Ball gerade zu fegen. Achte auf das Geräusch im Treffpunkt, man kann es hören.
- Das Gras wird nicht berührt.
- Trick: Treffen des Sweetspot verbessern.

Visualisierung

- Visualisieren Sie den perfekten Abschlag, vor dem Schlag. „So wird der Ball fliegen und dort landen". Durchlaufe den Abschlag und Schwung schrittweise in Gedanken.
- Trick: Mentale Vorbereitung hilft, den Schlag selbstbewusster und präziser auszuführen.

Perfekte Ball-Höhe auf dem Tee

Höhe des Tees:

- Der obere Rand des Balles sollte etwa auf Höhe der oberen Kante des Schlägerkopfs liegen. Dies gewährleistet, dass der Ball optimal getroffen wird, die maximale Energieübertragung bewirkt ist und der ideale Abflugwinkel für Länge und Richtung bewirkt wird.

Zentrierung des Schlägerkopfs:

- Der Schlägerkopf sollte sich hinter dem Ball befinden, sodass die Schlagfläche mittig und senkrecht zur Ziellinie ausgerichtet ist.

Neigung des Schlägerkopfs:

- Der Schlägerkopf sollte in einer neutralen Position sein, weder zu stark nach oben geneigt noch zu flach, um einen sauberen Kontakt und eine optimale Flugbahn zu erreichen.

10. Langes Spiel auf dem Fairway

Das lange Spiel auf dem Fairway umfasst Schläge, die auf maximale Distanz (Weite) und Präzision (Landung) abzielen, um den Ball möglichst nah an das Grün oder in eine strategisch günstige Position zu bringen.

Die Schlägerauswahl basiert auf der vorhandenen Distanz zum Ziel. Die nachfolgende Tabelle zeigt die Schläger und Schlagweite für die Herren in der Einheit Meter.

Holz 1	Holz 2	Holz 3	Holz 4	Holz 5	Holz 6	Holz 7	
230	220	210	200	190	180	170	
Eisen 2	Eisen 3	Eisen 4	Eisen 5	Eisen 6	Eisen 7	Eisen 8	Eisen 9
190	180	170	160	150	140	130	120
Rescue 3	Rescue 4	Rescue 5	Rescue 6	Pitching	Sand W.	Lob W.	
170	160	150	140	110	80	70	

Tabelle 3: Schlag- und Schlägerweiten

10.1. Übungen langes Spiel

Schlägerkopf-Geschwindigkeit:

- Weite kommt von allein durch die Schlägerkopf-Geschwindigkeit. Je höher die Schläger-Kopf-Geschwindigkeit ist, desto weiter fliegt der Ball.
- Der Ball muss von der Schlagfläche mittig getroffen werden (Sweetspot), damit er die volle Masse des Schlägerkopfs als Flugenergie mitbekommt. Trainieren Sie den Treffpunkt, Auftreffwinkel und L-Schwung.
- Eine höhere Schlägerkopf-Geschwindigkeit führt zu mehr Schlagkraft und damit zu einer größeren Distanz. Um diese

Geschwindigkeit zu erreichen, muss der Schwung flüssig und ohne Verzögerung erfolgen.

Fairway:

- Der Fokus liegt auf einem sauberen Ball-Schläger-Boden-Kontakt.
- Trainieren Sie verschiedene Schlaghöhen und Flugkurven (Slice, Hook, Draw, Fade) je nach Spielsituation.
- Vermeiden Sie es, den Ball mit zu viel Bodenkontakt (fett) oder zu hoch auf der Schlagfläche (dünn) zu treffen, da es Energie vergeudet.
- Ist das Fairway eng, so ziehen Sie die Eisen bitte den Fairway Hölzern vor.

10.2. Tipps zum langen Spiel

Handposition:

- Achten Sie darauf, dass Ihre Hände gut positioniert sind. Eine falsche Griffhaltung kann die Schlagkraft mindern.

Optimale Körperhaltung

- Stellen Sie sicher, dass Ihr Körpergewicht gleichmäßig auf beiden Füßen verteilt ist. Eine gute Balance sorgt für eine stabile Basis, die sich positiv auf die Schlagkraft auswirkt.

Schwungtechnik

- Ein vollständiger Rückschwung ermöglicht einen längeren Schwung und mehr Energieübergang beim Aufprall. Ihr

Schläger sollte bei einem langen Schlag fast bis zum Maximum nach hinten schwingen.

Kraftvolle Rotation:

- Der Körper muss sich beim Schwung richtig drehen. Eine starke Drehung der Hüfte und Schultern sorgt dafür, dass die Schlägerkopf-Geschwindigkeit maximiert wird und Richtung bewirkt.

Schwungtempo:

- Ein gleichmäßiges, flüssiges Tempo ist entscheidend. Vermeiden Sie, zu hastig zu schlagen, um die Kontrolle nicht zu verlieren.

Flexibilität:

- Regelmäßige Dehnübungen für Schultern, Hüften und Rücken verbessern die Beweglichkeit, was zu einem effizienteren Schwung führen wird.

11.   Richtung schlagen

Die Richtung wird erreicht mittels Kontrolle über korrekte Koordination der Ausrichtung des Schlägerblatts, der Schwungtechnik und der Schlägerführung.

Theorie zur Richtung:

- Korrekte Ausrichtung des Körpers (Füße, Hüfte und Schultern) parallel zur Ziellinie.
- Das Schlägerblatt muss 90^0 square zum Ball und neutral stehen.
- Der Schläger wird gerade im Schwung geführt. Die Schwungbewegung wird aus der Hüfte gestartet.
- Die Schlagfläche steht exakt rechtwinklig zur Ziellinie (Blatt und Sweetspot).
- Voller Schwung, d.h. der Ober- und Unterkörper, drehen sich bis zum Ziel. Der Oberkörper und das rechte Bein zeigen auf das Ziel im Nachschwung.
- Stellen Sie sich vor, im Ball steckt ein Nagel: „Schlagen Sie den Nagel in den Ball".
- Der Schlägerkopf trifft den Ball zuerst und nachfolgend wird der Boden gestreift.

11.1. Übungen Richtung

Übung unterschiedliche Schwunglängen

- Das Ergebnis unterscheidet sich nur in der Ballflugweite.
- Schlagen Sie erst Viertelschwung, dann Halbschwung, dann Dreiviertelschwung und zum Abschluss einen ganzen Schwung.

- Entwickeln Sie ein Gefühl für die verschiedenen Distanzen, Ihre Richtungsabweichungen, welche Sie mit den unterschiedlichen Schwunglängen erreichen.
- Training: Erhöhen die Schwungkontrolle und gerade Flugbahn beim Abschlag.
- Variation 1: Boden (Rough, Vorgrün, Fairway)
- Variation 2: Verwenden Sie unterschiedliche Schläger.

Übung Abschlagslinie

- Legen Sie zwei Golfschläger oder Alignment Sticks auf die Ball-Ziel-Linie. Eine hinter den Ball und einen vor den Ball im Abstand von ca. 50 cm.
- Schlagen Sie den Ball geradeheraus.
- Training: Verbesserung, Treffpunkt und Schlagfläche.
- Variation: Verwende unterschiedliche Schläger E1-5, H3-5 und Hybrids.

Übung Standposition und Korridor

- Legen Sie zwei Golfschläger oder Alignment Sticks parallel zueinander auf das Grün in Richtung Ziel, um einen Korridor zu bilden. Legen Sie den Ball in die Mitte des Korridors.
- Schlagen Sie den Ball aus dem Korridor geradeheraus.
- Training: Verbessern die Genauigkeit und Richtungskontrolle.
- Variation: Enge oder Weite des Korridors.

Übungen Richtung

- Um die Körperposition zu überprüfen, legen Sie zwei parallele Schläger auf den Boden. Einen, um die Ball-Ziel-Linie zu markieren, den anderen, um die Fußlinie zu markieren.

- Training: Verbessern die Ausrichtung und Ansprechposition des Spielers.

11.2. Tipps zur Richtung

Videoaufzeichnung:

- Videoanalysen zeichnen den Schwung auf, um Abweichungen in der Ausrichtung des Schlägerblatts, der Schwungtechnik und der Schlägerführung zu erkennen.

Konstanter Schwung:

- Arbeiten Sie an einem gleichmäßigen und kontrollierten Schwungtempo. Zu schnelle oder abrupte Bewegungen führen zu Ungenauigkeiten. Weniger ist hier am Anfang besser.

Gerader Schläger-Weg:

- Achten Sie darauf, dass der Schlägerkopf im Rück- und Durchschwung auf der idealen geraden Flugbahn bleibt. Nicht zu stark nach außen oder nach innen verläuft.

Gleichmäßiger Treffpunkt:

- Treffen Sie den Ball mit der Mitte der Schlagfläche am Sweetspot. Die Schlagfläche steht square zur Ball-Ziel-Linie. Der Nachschwung wird gerade zum Ziel durch geschwungen.

12.   Fehlerkorrekturen

Toppen: Ball wird mit der Führungskante getroffen.

- Korrekturen sind: Trainieren Sie den Ball-Kontakt mit langsamen, kontrollierten Schwüngen. Trainieren Sie die Hand-Augen-Ball-Koordination. Halten Sie den linken Arm im Durch- und Rückschwung gestreckt. Der rechte Arm streckt sich erst mit dem Durchschwung.
- Prüfen, ob der Ball zu weit vorne lag (Standpunkt zur Ball-Lage)
- Blieb Ihr Unterkörper starr und drehte das linke Bein nicht zum Ziel.
- Machen Sie Schwünge ohne Ball, um die Beweglichkeit und das Muskelgedächtnis zu trainieren.

Fett getroffen: Schlägerkopf trifft vor dem Ball-Kontakt den Boden.

- Korrekturen sind: Trainieren Sie den Ball-Boden-Kontakt mit langsamen, kontrollierten Schwüngen.
- Nicht löffeln, sauber durchschwingen. Evtl. ist Ihr Unterkörper zu starr, das linke Bein dreht nicht zum Ziel oder es fehlt an der Hüftrotation.

Krummes Ding: Slice

- Ursache ist der Seitendrall, der aus der geöffneten Schlagfläche im Treffmoment erzeugt wird.
- Schlagflächen offen, d.h. die Schlagfläche ist nach rechts auf-gedreht.

Korrekte Schlagfläche ist gerade, d.h. square zum Ziel, denn wie die Schlägerfläche gedreht ist, dahin fliegt der Ball.

- Korrekturen sind: richtige Griffhaltung. Korrekte, d.h. nicht geöffnete Schlagfläche. Beim Rückschwung kein starker Einsatz der Handgelenke. Handgelenke im Treffmoment dürfen nicht steif / blockiert sein.

Krummes Ding: Hook

- Ursache ist eine geschlossene Schlagfläche im Treffmoment.
- Schlagfläche geschlossen, d.h. die Schlagfläche ist nach links zu-gedreht.
- Korrekturen sind: Schlagfläche nicht geschlossen halten. Rechte Hand darf im Treffmoment nicht über die linke Hand drehen. Die linke Hand hat einen neutralen Griff. Die rechte Handfläche muss im Schlag zum Ziel zeigen. Mit rechter Hand nicht zu tief greifen.

Krummes Ding: Pull

- Die Ursache ist die Schlagfläche, welche im Treffmoment nach links zeigt und ein von außen nach innen geführter Schwung.
- Korrekturen sind: Schlagfläche, welche im Treffmoment square steht und sauber geführter Durchschwung. Schulter im Abschwung später drehen und die Abwärtsbewegung des rechten Arms verstärken.

Krummes Ding: Push

- Die Ursache ist die Schlagfläche, welche im Treffmoment nach rechts zeigt, und ein von außen nach innen geführter Schwung.

- Korrekturen sind: Schlagfläche, welche im Treffmoment square steht und sauber geführter Durchschwung. Drehen Sie den Oberkörper im Abschwung früher zum Ziel.

Verlust der Balance:
- Korrekturen sind: Das Gewicht wird häufig ungleichmäßig verteilt oder der Stand ist instabil. Achten Sie auf eine ruhige Gewichtsverlagerung, Körperrotation und stabile Fußarbeit.

Löffeln:
Im Golfsport bezeichnet das „Löffeln" des Balls einen häufigen Schwungfehler, bei dem der Spieler versucht, den Ball in die Luft zu heben, anstatt den Schläger korrekt durch den Ball schwingen zu lassen. Ursache ist das fehlende Vertrauen in das Loft des Schlägers. Die Spieler glauben, sie müssten dem Schläger helfen, den Ball in die Luft zu bringen, obwohl das Loft des Schlägers diese Arbeit übernehmen würde. Die Korrekturen sind:

- Korrekte Gewichtsverlagerung: Während des Abschwungs sollte das Gewicht auf den vorderen Fuß verlagert werden.
- Bodenkontakt: Der Schläger sollte den Ball zuerst treffen, bevor er den Boden berührt.
- Abschwung: Der Schläger wird im Abschwung in einer abwärts gerichteten Bewegung geführt.
- Achten Sie auf die Handgelenke, dass diese nicht zu früh nach oben gehen (einknicken).

13. Golftraining

13.1. Einschlagen

Auf der Driving Range werden alle Schläger vor dem Golfspiel durchgespielt. Die Vorgehensweise zum Einspielen ist von kurz nach lang, von einfach (sicher) zu schwer (unsicher) vorgesehen und dauert ca. 25 Minuten (min).

- 5 min kurze Eisen wie SW, PW und E9-7
- 2- 3 min mittlere Eisen
- 5 min lange Eisen und Hölzer
- 2- 3 min Driver und lange Eisen
- 10 min Putter (0.75, 1.5, 2.0 und 2.5 m)

13.2. Prinzipien

Zu den Zielen einer progressiven Belastungssteigerung im Sport besagt die Trainingslehre:

- Vom Leichten zum Schweren, vom Einfachen zum Komplexen, vom Bekannten zum Unbekannten, vom Speziellen zum Komplexen und vom Allgemeinen zum Spezifischen.

Das progressive Vorgeben besagt, dass mit einem einfachen Stand, Schläger oder Schwung begonnen wird und dann selektiv gesteigert wird.

Bei Unzufriedenheit ist immer eine Variable im Golf (Stand, Schläger oder Schwung) zurückzugehen, neu zu verfestigen und neue progressiv starten.

Golf-Variablen	Ausprägungen
Variabler Stand	Geschlossener, schlägerbreiter oder schulterbreiter Stand
Variable Schläger	Eisen 7-9, PW, SW, Eisen 6-4, Hybrid, Holz 7-5, Holz 3 oder Driver
Variabler Schwung	Halber, ganzer Schwung oder Zeitlupe
Variables Gras	Grün, Vor-Grün, Fairway und Rough
Variabler Boden	Driving Range, Fairway, flach und ebenerdig, hügelig oder schräg geneigt, Sand

Tabelle 4: Golf Variablen

Training:

In einem Trainingsplan stehen die physischen Fähigkeiten im Vordergrund wie Geschwindigkeit, Kraft, Ausdauer und Koordination, welche gezielt trainiert werden. Es müssen alle Fähigkeiten trainiert werden, um Spitzenleistungen zu erreichen.

- Geschwindigkeit (Schlägerkopfgeschwindigkeit, Schwung), Kraft (Muskelkraft), Ausdauer und Koordination (Hand-Auge-Arm Bewegung, Balance).

Die Rangfolge der Fähigkeiten im Golfsport lautet:

- Koordination und Beweglichkeit (hoch),
  Kraft und mentale Ausdauer (mittel) und
  Schnelligkeit (gering).

Dies liegt begründet in der Aussage, dass eine ausgeprägte Koordination entscheidend ist, für einen sauberen Schwung und das gezielte Treffen des Balls. Die Beweglichkeit ist essenziell, um eine optimale Drehung des Oberkörpers und Hüftrotation im Schwung zu ermöglichen. Kraft, insbesondere im Rumpfbereich, ist diese notwendig, um Stabilität und Kontrolle während des Schwungs zu gewährleisten. Mentale Konzentration spielt ebenfalls eine zentrale Rolle, da Golf ein Sport ist, der hohe

Konzentration und Geduld erfordert. Schnelligkeit ist im Golf-sport hingegen von untergeordneter Bedeutung (Schlägerkopf-geschwindigkeit).

Zum Trainieren werden spezielle Übungen empfohlen, wie sta-tische Plank Position, Side Plank, Squats, Lunges, Bridging, Stret-ching großer Gesäßmuskel und Übungen zur Bauchmuskulatur. Zu diesen und weiteren Übungen wird auf einschlägige Fachli-teratur verwiesen und in dem vorliegenden Buch nicht weiter vertieft.

Wiederholungen:
- Schlagen Sie immer drei Bälle in Folge pro Durchgang (Satz).
- Präzision im Golf bedeutet zugleich die Fähigkeit zur Wie-derholbarkeit mit gleichem Ergebnis.

Korrekturen:
- Nach jeder misslungenen Schlagfolge (Satz) wird analysiert, woran es lag und wie es zu korrigieren ist.
- Empfehlung: Lieber weniger schlagen und üben, aber kon-zentriert überlegen, was besser zu machen ist.
- Sofortiges Umsetzen der Besserung in der nächsten Schlag-folge und verfestigt das Muskelgedächtnis.

13.3. Trainingseinheiten

Eine Trainingseinheit im Golfsport ist eine zeitlich begrenzte und strukturierte Einheit, die aus verschiedenen Golf-Übungen besteht, um spezifische sportliche Ziele zu trainieren und zu er-reichen. Sie dient der Verbesserung von technischen Fähigkei-ten und der Steigerung der Leistungsfähigkeit.

	Ziele: Technik verbessern, sportliche Weiterentwicklung		
	Zielgruppe: Anfänger mit Platzreife, Freizeitspieler und fortgeschrittene Amateure. Altersgruppe: Erwachsene		
	Methoden: 10 min Aufwärmen vor dem Training, Trainingseinheit und zum Abschluss cool down mit 5 min Dehnen (Beweglichkeit).		
Tag	Mittwoch	Samstag	Sonntag
Ort	Driving Range	Driving Range	Fairway, Platz
1	Aufwärmen	Aufwärmen	Aufwärmen
2	20 min Chippen	10 min Bunker-schlag	25 min Einschlagen (Driving Range)
2	10 min Abschlag vom Tee	20 min Pitchen	Spiel am Platz
3	20 min langes Spiel, Richtung und Schwung	20 min langes Spiel, Richtung und Schwung	10 min Spielanalyse (Stärken, Schwä-chen)
4	20 min schwierige Lagen: Seitliche und Schläge aus dem Rough	20 min schwierige Lagen: bergauf/-ab.	Pflege der Golfaus-rüstung
5	10 min Putten	10 min Putten	Soziales Miteinan-der
	Optionaler Theorieteil		
6	Theorie: Ball-Flug-Gesetz, Regelkunde	Theorie: Schlag-Ge-setze, Griffhaltung	Theorie: Schläger& Schlagweiten
	Optional: ganzheitliches Training		
7	Mentales Training (Geist, Vorstellung)	Ausdauertraining (Rumpf, Beine)	Koordinationstrai-ning (Schwung, Hand-Auge-Arm Be-wegung, Balance)
	Geschwindigkeits-training (Schläger-kopfgeschwindigkeit, Schwung)	Krafttraining (Mus-kelkraft)	Individuell

Tabelle 5: Golf Trainingseinheiten

14.   Vokabeln

Flugbahn des Balls

- Draw: Ball startet nach rechts und fliegt dann nach links.
  Fade: Ball startet nach links und fliegt dann nach rechts.
- Hook: Ball fliegt bogenförmig nach links.
  Slice: Ball fliegt bogenförmig nach rechts.
- Pull: Gerade Ballflug mit Landung links vom Ziel.
  Push: Gerade Ballflug mit Landung rechts vom Ziel.
- Cut: Angeschnittener Ball.
  Spin: Rechts- oder Linksdrall des Balls.
- Stroke: Bezeichnet den Schlag. Bewegung, bei der ein Schläger dazu verwendet wird, den Ball zu treffen.

Ausrüstung:

Empfohlene Golfausrüstung: Schlägersatz, Schlägerhauben, Golftasche, Golfschuhe, Bälle, Tee, Pitchgabel, Regenbekleidung, Sonnenschutz, einen Handschuh (links), Ballmarker, kleines Handtuch und Golf-Trolley.

Ausdrücke:

- Ass oder Hole-in-One: Abschlag, bei dem der Ball direkt ins Loch geht.
- Back Spin: Rückwärtsdrall des Balls
- Bag: Golftasche
- Bunker: Sandhindernis am Fairway
- Dimpeln: Einkerbungen auf der Golfball-Schale
- Divot: Herausgeschlagenes Rasenstück
- Drive: Erster Schlag am Abschlag
- Droppen: Fallenlassen des Balles mit gestrecktem Arm
- Dünn: Ball wird zu hoch oder mit Schlägerkante getroffen

- Eisen: Schläger aus Stahl oder Titanium Material
- Etikette: Sportliches Verhalten am Golfplatz
- Fairway: Spielbahn. Gemähte Rasenfläche zwischen Abschlag und Loch
- Fett: Boden wird vor dem Ball getroffen
- Flat: Flacher Schwung
- Flight: Spielergruppe mit maximal vier Spielern
- Lie: Winkel des Schlägerschafts zur Schlägersohle
- Links: Vorne zum Ziel hin (bspw.: vorderes Bein, Ball vorne)
- Loft: Winkel Schlägerkopffläche zum Boden
- Rabbit: Spieler, mit Handicap über 36
- Rechts: hinten, zum letzten Loch hin (bspw. hinteres Bein)
- Slobe: Grad der Schwierigkeit des Golfplatzes
- Square: rechter Winkel mit 90 Grad
- Sweetspot: Optimaler Treffpunkt des Balles auf das Schlägerblatt mittig bewirkt maximalen Kraftübergang
- Ziel: Bezeichnet den Punkt, wo der Ball liegen bleibt. Nicht wohin er fliegt oder landet
- Waggle: Einpendeln des Körpers vor dem Schlag
- W-Wedge: SW-Sandwedge, PW-Pitchingwedge und LW-Lobwedge

Ergebnis Bezeichnungen:

Professional Average Result (PAR)	
Birdie: Ein Schlag unter PAR	Bogey: Ein Schlag über PAR.
Eagle: Zwei Schläge unter PAR	Doppelbogey: Ein Schlag über PAR.
Albatros: Drei Schläge unter PAR	Triplebogey: Ein Schlag über PAR.

Tabelle 6: Professional Average Result

15. Zusammenfassung

Dieses Buch bietet Ihnen einen kompakten Leitfaden, um Ihre Golftechnik gezielt zu verbessern und Ihr Spiel besser zu machen. Es kombiniert kompakte Theorie und praktische Übungen mit klaren und kurzen Erklärungen. Das macht den Golfsport leicht verständlich und Übungen umsetzbar. Die Inhalte sind übersichtlich strukturiert und führen Sie durch alle wichtigen Bereiche des Golfspiels.

Das Spiel beginnt mit dem Ansprechen. Vor jedem Schlag ist es wichtig, die korrekte Ansprechposition einzunehmen. Eine solide Griffhaltung spielt zusätzlich eine zentrale Rolle, da sie Ball-Kontrolle und Präzision ermöglicht. Zudem lernen Sie die grundlegenden Ball-Flug-Gesetze kennen, die erklären, wie die Schlägerstellung und die Schwungrichtung den Ballflug beeinflussen. Auch das Verhalten am Platz, die Golfetikette am Platz sowie die grundlegenden Trainingsprinzipien werden erläutert.

Ein wichtiger Bestandteil ist das Verständnis der verschiedenen Schlägerarten. Von Driver über Eisen bis hin zu Wedges und Putter erfahren Sie, wie jeder Schläger eingesetzt wird. Dieses Wissen wird ergänzt durch Anleitungen zum besseren Golfschwung. Schritt für Schritt lernen Sie die Bewegungsabläufe, angefangen mit dem halben Schwung bis hin zum vollen Schwung, kennen.

Danach liegt der Fokus auf dem kurzen Spiel. Beim Putten geht es darum, Präzision und ein gutes Richtungsspiel zu entwickeln, unterstützt durch effektive Übungen und nützliche Tipps. Für kurze Annäherungsschläge werden Techniken und Strategien wie das Chippen und Pitchen vorgestellt. Auch Hindernisse, die mittels Bunkerschlag verlassen werden, finden Beachtung. Sie erfahren, wie Sie sicher aus dem Sand zurück aufs Fairway gelangen. Schwierige Lagen wie Hanglagen oder das Spiel aus dem hohen Rough werden praxisnah erklärt, damit Sie in jeder Situation die Kontrolle behalten. Der Abschlag vom Tee und das lange Spiel auf dem Fairway sind weitere zentrale Themen. Sie lernen, wie Sie mit dem Abschlag vom Tee optimale Weite erzielen und präzise Schläge am Fairway umsetzen. Ergänzend dazu erläutert das Buch technische Hilfen, um gezielt Richtung zu schlagen und die Ballflugweite zu kontrollieren.

Fehlerkorrekturen sind ergänzender und wichtiger Bestandteil. Häufige Probleme werden aufgegriffen und Lösungen präsentiert, die Ihnen helfen, nachhaltige Verbesserungen zu erreichen. Zum Abschluss finden Sie ein Glossar mit den wichtigsten Golfbegriffen. Dieses Buch ist ein idealer Begleiter für Golfer in der Golftasche.

16.   Verzeichnisse

16.1.   Literaturverzeichnis

Brochu, S.: Golf. Heel. 2014.

Genske, D.: Golf. Meyer &Meyer. 2022.

Hahn, A.: Golf Grundlagen. Kosmos. 2008.

Köbling, A.: Richtig gutes Golf. BVL. 2012.

Litti, B. H.: Spielend Golf lernen. Goldmann. 2007.

Litti, B. H.: Einfach gutes Golf. Kosmos. 2009.

Litti, B.: Kurzer Weg zum guten Golf. Köllen. 2023.

Luft, H.: Golf für Junggebliebene. Copress. 2016.

Palmer, M.: Mike Plamer neue Golfschule. BVL. 1998.

Reumont, C.: Golf – die Kunst des Spielens. 2023.

Roedel S., Schels I.: Golf einfach erklärt. Markt + Technik. 2024.

Schels, I.: Golfregeln verständlich erklärt. Markt + Technik.
    2024.

16.2.   Tabellenverzeichnis

Tabelle 1: Ausrichtung 4

Tabelle 2: Boden-/Luftweg Chippen 24

Tabelle 3: Schlag- und Schlägerweiten 45

Tabelle 4: Golf Variablen 55

Tabelle 5: Golf Trainingseinheiten 57

Tabelle 6: Professional Average Result 59

Ristorante Per Bacco Piazza Camillo Benso

Fosdinovo – a castle above the clouds & Dante`s refuge

The road to Fosdinovo winds through a landscape of dense forests, olive groves and vineyards. The higher I climb, the more breathtaking the view becomes until I reach the final hilltop and the silhouette of the mighty Castello Malaspina appears above the valleys.
The sun bathes the castle in golden light, while below, the Magra River shimmers like a silver ribbon. But Fosdinovo is no ordinary village. It is a place of legends, history and stories and one of them is particularly fascinating: The connection between Dante Alighieri and the Malaspina family.

Castello Malaspina

I enter the village through one of its ancient stone gates and follow the cobbled street up to the castle. The Castello Malaspina, perched on a rocky outcrop, is one of the best-preserved castles in Tuscany and one that holds so many secrets, it's hard to know where to begin. The moment I step inside, I feel the power of this place. Thick stone walls, ornate halls and gothic windows. Everything speaks of a time when knights, nobles and poets walked these halls. The Malaspina family, one of the most influential dynasties of Northern Italy, ruled over Lunigiana and welcomed many scholars, poets and pilgrims. Among them was none other than Dante Alighieri, who is believed to have found refuge here during his exile in the early 14th century.

Dante in Fosdinovo – truth or legend?

Dante, exiled from Florence, wandered restlessly from city to city, seeking protection from noble families. One of his greatest admirers, Gabriele Malaspina, is said to have offered him shelter here. There is even a room in the castle known as "Dante's Room"—

featuring a secret trapdoor in the floor, allegedly built for a quick escape if needed. Did Dante really write parts of The Divine Comedy here? We don't know for sure but the idea is intriguing: The great poet, sitting in a castle chamber, contemplating hell, purgatory and paradise, while outside, the wind whistles through the narrow alleys. I sit on a stone bench in the courtyard, imagining Dante right here, lost in thought, perhaps discussing philosophy with the Malaspina over a glass of wine.

Medieval village frozen in time

But Fosdinovo is more than just its castle. It is a place where time seems to stand still. I wander through the narrow alleys, lined with ancient stone houses. Everywhere I discover small details: A weathered inscription, a carved wooden door, a hidden courtyard, where wildflowers push through the cobblestones. Nearby, the Church of San Remigio is another jewel. Its romanesque portal and quiet interior offer a moment of stillness before I move on. From Piazza Garibaldi, a small but stunning square, the view of the sea is extraordinary. There's even a telescope! On a clear day, you can see Corsica, Elba, Capraia and Gorgona, the islands of the tuscan archipelago.

Flavours of Fosdinovo

On market days, Fosdinovo transforms into a treasure chest of aromas and flavours. The stalls are filled with local specialties: Lardo di colonnata, a famous cured pork fat, aged in marble basins, a true regional delicacy, Lunigiana honey, especially chestnut honey, dark and aromatic, Candia wine, a white wine from the surrounding hills, perfect with local dishes.

Torte d'erbi, a savoury herb pie, delicious warm or cold. I buy a Panigacci, a rustic flatbread, traditionally baked in terracotta pans and served with Stracchino cheese and ham. To drink? A glass of Vermentino, the light, fruity white wine of the region. The atmosphere is relaxed, locals chatting, vendors calling out their best offers and I enjoy my snack in the heart of it all.

Ghosts of Fosdinovo

Every ancient castle has its ghost stories and Fosdinovo is no exception. The most famous legend is that of Bianca Maria Malaspina. A young noblewoman, who fell in love with a simple farmer. But her family forbade the relationship and sealed her fate: She was locked inside the castle walls, along with: A dog (symbolizing loyalty) A wild boar (symbolizing her "uncontrollable love") Locals say her ghost still haunts the castle. Sometimes appearing as a white shadow in the corridors. I remain sceptical, but as I walk through the cool, dimly lit hallways, I feel a strange presence, as if the walls themselves are keeping secrets.

Fosdinovo – A place of legends, history & timeless beauty

Fosdinovo is not just another destination. It is a story, a poem, a living fairytale. Here, past and present blend together, Legends and reality intertwine. You can touch the ancient walls, walk the same alleys Dante may have wandered, and experience the flavours and sounds of a village that has preserved its medieval charm. As I start the engine of my car, I take one last look at the castle, rising like a crown on the hill. And I know that Fosdinovo is one of those places you always want to return to.

Would you like to explore Fosdinovo by yourself—and perhaps even spend a night in the legendary castle?

Fosdinovo

Fivizzano – the Florence of Lunigiana

The road to Fivizzano winds as always in Lunigiana, through a picture-perfect landscape: gentle hills, dense chestnut forests, olive groves, and vineyards stretching seemingly endlessly to the horizon. In the distance, the rugged peaks of the Apuan Alps rise into the sky, a dramatic contrast to the soft rolling countryside. Fivizzano is often called "the Florence of Lunigiana," and as soon as I arrive, I understand why. My friend John had been telling me about Fivizzano for years. Back in the late 1950s, he attended high school here. Every day, he had to take the school bus from Ceparana all the way to Fivizzano, a nerve-wracking 27 kilometres on these small, winding roads in a crowded school bus. The elegant architecture, the well-kept squares and the rich history leave no doubt that Fivizzano was once an important and prosperous town. But behind its facades, there is much more: a turbulent past, a strong connection to the Medici family and a cultural heritage that remains alive to this day.

Piazza Medicea

Walk through town

I enter Fivizzano through one of its ancient city gates and arrive at Piazza Medicea, the heart of the town. This beautiful square, with its elegant fountain and historic buildings, is the perfect starting point for exploring the town. The Medici family, the powerful rulers of Florence, played a major role in Fivizzano's history. In the 15th century, the town became part of the Grand Duchy of Tuscany, and the Medici not only brought economic prosperity but also architectural beauty. One example is the city wall, built by Cosimo I de' Medici in the 16th century to protect Fivizzano from attacks. Large parts of this impressive fortification remain intact today, a reminder of Fivizzano's once vital strategic position.

Cultural treasures and landmarks

My first stop is the Church of San Giovanni Battista, located right on the Piazza Medicea. Its modest exterior is deceiving inside, I find an impressive blend of Renaissance and Baroque art, with magnificent altars and valuable paintings. Right next door is the Museo della

Stampa, a small but fascinating museum dedicated to the history of printing. What many people don't know: Fivizzano played a key role in the development of modern printing. As early as the 15th century, the local scholar Jacopo da Fivizzano experimented with new printing techniques even before the german Gutenberg perfected his groundbreaking invention. I flip through some old manuscripts and can feel the significance of this place, a centre of knowledge and culture in an era when books were still a rare luxury.

Nature and surroundings

After exploring the town, I am drawn to its surroundings because Fivizzano is also the gateway to some of Lunigiana's most spectacular natural landscapes. A must-see is the Parco Regionale delle Alpi Apuane, a nature park filled with wild mountains, deep valleys, and breathtaking panoramas. Here, countless hiking trails lead to hidden villages, ancient monasteries and mysterious caves. One of the most impressive sites is the Grotta del Vento, one of the most beautiful karst caves in Italy, just a bit farther by car. Its name, "Cave of the Wind" says it all: the moment you step inside, you feel the cool air rushing through the underground tunnels. A guided tour is definitely worth it and being a little sporty helps, too. Not far from Fivizzano lies Verrucola, one of the best-preserved medieval settlements in the region.

fortezza di Verrucola

Overlooking the village is the Castle of Verrucola, built in the 11th century, which was long the residence of the powerful and ever-present Malaspina family. Fivizzano and it´s earthquakes: A town that always rises again. Fivizzano has endured not only wars and conquests but also the destructive forces of nature. The town lies in a seismically active area and has been shaken by earthquakes multiple times. The worst in 1920, which destroyed large parts of its historic buildings. But Fivizzano has always reinvented itself. Today, it is a town that honours its history while embracing life and energy. Fivizzano is a place that brings everything together: history and nature, culture and cuisine, medieval walls and vibrant modern life. It is one of those places you never truly forget because it is more than just a destination.

74

Filetto – a medieval jewel in the heart of Lunigiana

Lunigiana is full of small, hidden villages that feel like time-capsules but Filetto, located right in my neighbourhood, is something truly special. As I drive along the narrow road leading to the village centre, I feel as though I am entering another world. Filetto is not an ordinary village. It has perfectly preserved medieval centre, surrounded by massive walls, makes it one of the most fascinating places in the region. Unlike other towns that have changed over the centuries, Filetto seems to have remained untouched for hundreds of years. In August 2022, the time had finally come. The notary appointment was set, and I packed my bags and moved to Lunigiana. Through the internet, I had found temporary accommodation in Filetto for a few days a charming bed & breakfast called "Luna e Stelle", right in the middle of the picturesque village and not far from my new house. Everything was arranged via WhatsApp and I received video instructions on how to access the house and my room. Medieval meets modern technology.

The moment you enter this small town, you feel the breath of past centuries. Cars are not allowed inside, no matter where you come from, you have to park outside. Only delivery vehicles, ambulances, and garbage trucks can lower the electric barriers to enter. Through the Pontremoli Gate, I quickly reach a large square. There's not much activity here just a small café, a pharmacy, and a post office, which, as is common in Italy, is mostly closed. But despite its quiet appearance, this piazza is where everything comes together.

The unique history

Filetto has a long and eventful history. In the Middle Ages, it was a fortified town and a trading centre, strategically located along the Via Francigena, one of Europe's most important pilgrimage routes. Due to its strategic position, many powerful forces fought over Filetto: the Malaspina, the Florentines, the Genoese, and later the Habsburgs, all wanted to control this small but important town. In the 14th century, the Malaspina fortified Filetto, and the massive city walls, still standing today, date back to that time. But one of the village's most fascinating stories is linked to a legendary group of knights: the Black Knights of the Order of St. John.

Black knights

During the Middle Ages, Filetto was home to a commandery of the Order of St. John (also known as the Knights of Malta). These knights were not only warriors but also protectors of pilgrims traveling to Rome. The Black Knights of Filetto played a crucial role in securing trade and pilgrimage routes in Lunigiana. Even today, traces of their presence remain and locals whisper that their ghosts can be seen in the dark alleys of the village especially on misty nights. Some stories even claim that Filetto was a secret meeting point for the knights, a place where conspiracies were plotted, alliances forged and secret rituals performed.

Journey through time

As I enter the old town through one of its four city gates, I feel like I've been transported back in time. The narrow, winding alleys are lined with massive stone houses, many featuring ornate arches and antique door knockers. Whether these legends are true or not, the atmosphere of the village makes it easy to believe that ancient warriors still lurk somewhere in the shadows. One evening, while wandering through the alleys, I even came across a knight though only as one in a silver armour.

the knight in silver armour

Piazza di Filetto

The Piazza – the heart of the village

I soon reach the Piazza di Filetto, the village's central square. The historic palazzi surrounding it once belonged to wealthy merchants and nobles. One building stands out: Palazzo Belletti, one of the village's most magnificent buildings, which still radiates medieval elegance. In a quiet corner, I discover a small fountain, rumoured to have been used by the Knights of St. John. Some say its water has healing powers. I dip my hands into the cold, clear water, feeling a connection to the past.

The magic of the antique market

Today, Filetto is known not only for its history but also for its famous antique market, held every summer. During these days, the entire village transforms into a lively, colourful open-air museum. Antique dealers from all over Italy come here to sell old books, jewellery, furniture, artwork, and curiosities. I wander through the stalls and discover a 17th-century map of Lunigiana, a beautiful bronze pocket watch and some antique keys, perhaps once belonging to a hidden chamber in one of the region's old castles? The atmosphere is unique in the narrow alleys, the sound of old music blends with the aroma of roasted lamb, chestnut treats and the joyful chatter of people reminiscing about the past.

A last glance

Before leaving Filetto, I take a final walk outside the city walls. A small path leads me into a chestnut forest and just beyond the village lies one of the most magical places in the region: The Forest of Filetto, a site believed to have been used for ancient Ligurian-Apuan rituals. Underneath the chestnut trees, archaeologists have discovered no fewer than eleven standing stones (stele-menhir). The ancient trees cast cooling shade, and for a moment, it feels as if I can hear the whispers of history. Legend has it that Dante Alighieri, who stayed in Lunigiana between 1306 and 1307, found refuge with the Malaspina family. Some say he drew inspiration from the Filetto Forest for his famous "selva oscura" (the dark forest) in *The Divine Comedy*.

Standing here, I can believe it. Filetto is not just a place you visit. It is a village of secrets, history, and timeless beauty.

Ten special sights in the surrounding area

Below, I have listed breathtaking and unique sights, all starting from Fosdinovo, that are well worth a visit or a day trip:

1. Orto Botanico delle Alpi Apuane "Pellegrini-Assaldi"
Location: In the Apuan Alps, about 20 km from Fosdinovo
Why visit?
This beautiful botanical garden, nestled high in the mountains, is a paradise for nature lovers. It is home to over 500 plant species, many of them endemic to the Apuan Alps. From here, you also get a fantastic view of the coast and the mountains.

point with a view

2. The Village of Caniparola

Location: Only 5 km from Fosdinovo

Why visit?

Caniparola is a charming little village, known for its Villa Malaspina, an elegant residence of the famous noble family. Surrounded by vineyards and olive groves, it is the perfect place to take a break with a glass of Vermentino!

Villa Malaspina

3. The Caves of Equi Terme

Location: About 30 km northwest of Fosdinovo

Why visit?

An impressive cave system featuring deep gorges, underground rivers and stalactite formations. Prehistoric discoveries have been made here, including fossils of cave bears! For adventure seekers, caving expeditions are available, or you can explore the nearby nature park on foot.

Equi Terme bathing ponds

4. The marble quarries of Carrara

Location: About 25 km west of Fosdinovo

Why visit?

The famous Carrara marble quarries, from which Michelangelo sourced the marble for his David-statue, are an absolute must-see. Visitors can tour the massive quarries, where white marble has been extracted since Roman times. Tip: Book in advance and wear good shoes—flip-flops won't get you on a tour! One special story is that of the famous David marble. The huge block of marble from which Michelangelo created his legendary sculpture 'David' was not a new stone from Carrara - it came from an earlier, unsuccessful project. The block had been stored in a Florentine warehouse for over 40 years because other artists considered it unusable. Michelangelo took up the challenge and created one of the greatest masterpieces in the history of art.

marble quarries of Carrara

5. Sarzana – the historic neighbouring town

Location: 12 km from Fosdinovo

Why visit?

Sarzana is a beautiful little town with a rich history. It boasts impressive fortresses like the Fortezza Firmafede and Fortezza di Sarzanello, charming old town streets lined with cafés and boutiques and one of the best antique markets in the region. Pope Tomaso Parentucelli aka Nicholas V was a native of Sarzana who founded the Vatican Library and gave his consent with Bolla Papale for the foundation of the University of Glasgow in 1451. Napoleon Buonaparte's grandparents came from Sarzana and their house is still standing in the main Viale Mazzini, a pedestrian street with a corresponding marble plaque. This branch of the Buonaparte family married into a branch of the Malaspina family. My friend Gianni Framarin captures the beauty of Lunigiana in classic-style paintings and during September you might find his works here!

Gianni Framarin exhibition

6. Montemarcello Regional Park

Location: About 25 km south of Fosdinovo

Why visit?

This breathtaking nature park stretches along the Ligurian coast, offering spectacular views of the Tyrrhenian Sea. The area is filled with beautiful hiking trails that lead through fragrant pine forests, Mediterranean scrubland and dramatic cliffs.

Perfect for a picnic and a complete day outdoors!

view of the Ligurian Sea

7. The Magra River and Its Valleys

Location: Directly below Fosdinovo

Why visit?

The Magra River winds through the entire valley and offers great opportunities for kayaking and canoeing, as well as idyllic spots to swim and relax.

Tip: The small fishing villages along the river serve fresh trout and other river delicacies—definitely worth trying!

the magra river

8. Castelnuovo Magra – The Wine Village

Location: 10 km southwest of Fosdinovo

Why visit?

Castelnuovo Magra is famous for its wine production, especially for the fine Vermentino delle Colline di Luni.

Highlights: Winery tours & tastings offered in town, a well-preserved medieval castle with stunning views of the sea and mountains.

winegrowing in Castelnuovo Magra

9. San Terenzo, Lerici & the bay of poets

Location: 20 km southwest of Fosdinovo

Why visit?

San Terenzo and Lerici are among the most beautiful coastal towns in the region, featuring: an impressive castle, colourful houses, a breathtaking view of the Mediterranean. This area is known as the "Golfo dei Poeti" (Bay of Poets), as famous English writers like Lord Byron and Percy Shelley once lived here. A perfect spot for a swim and a coastal stroll! (I'll write more about this magical place in a separate chapter.)

San Terenzo promenade

10. The Beaches of Bocca di Magra and Fiumaretta

Location: About 18 km south of Fosdinovo

Why visit?

After all the history and culture, it's time to relax! These quiet, family-friendly beaches offer: crystal-clear water, soft sand, an amazing backdrop of the Apuan Alps.

A unique setting where sea and mountains meet!

Bocca di Magra and Alpi Apuani

So, tell me—honestly, which of these places sounds most exciting to you?

Daytrip to the sea – San Terenzo & an evening in Lerici

There are days when the hills of Lunigiana, as beautiful as they are, simply aren't enough for me. Days when the longing for salt in the air, the sound of waves and a dinner by the sea becomes too strong to resist. Luckily, the Mediterranean is just a 40-minute drive from Villafranca and there's hardly a better combination for a day trip than San Terenzo and Lerici.

Charm of a forgotten fishing village

The day starts early in the morning, while Lunigiana is still wrapped in its usual soft mist. Driving along the SS 62, through the Magra Valley, past Aulla and Sarzana, leads straight to the Ligurian coast. And then suddenly it appears: the first shimmer of the sea. San Terenzo, a small village just a short walk from Lerici, is the perfect first stop. Unlike its more famous neighbour, San Terenzo is relaxed, quieter, almost sleepy. Parking is easy, just above the village and from there, it's a leisurely stroll through the narrow, pastel-coloured streets, where laundry flutters between houses and the aroma of fresh espresso drifts from tiny cafés. This is authentic Liguria, no luxury yachts, no crowds of tourists. Just old fishing boats, locals chatting in the piazza and a gentle breeze rustling through the palm trees. The Spiaggia di San Terenzo, a small sandy beach, is perfect for a peaceful break. No lounge chairs, no big resorts, just the crystal-clear waters of the bay, shimmering in every shade of blue and turquoise. You can sink into the warm sand, breathe in the salty air and enjoy the silence.

Castle by the sea

Not far away, the Castello di San Terenzo stands proudly on a cliff above the sea. Climbing a few steps to the top rewards you with a breathtaking view of the Gulf of Poets, a view that once inspired writers like Lord Byron, Percy Shelley, D. H. Lawrence, Virginia Wolfe, Richard Wagner, Mario Soldati, Charles Dickens, Elizabeth and Robert Browning, Henry James and Emma Orczy.

.

castello di San Terenzo

Scenic walk to Lerici

In the early afternoon, the best way to continue is by taking the scenic coastal promenade to Lerici. This picturesque path winds along the shore, past small coves, pine forests and villas with stunning sea views. After about 20 minutes, Lerici appears picturesque, lively and full of italian elegance. The pastel-coloured houses crowd

around the harbour, overlooked by the mighty fortress. On the restaurant terraces, glasses clink and the atmosphere buzzes with life.
Lerici is louder, busier and more vibrant than San Terenzo but that's
exactly what makes it so enchanting. Wandering through the narrow
streets, you pass small boutiques, antique bookstores and cozy
bars, where old men play cards. A must: stopping at a gelateria for
a scoop of Stracciatella and Pistachio gelato, creamy, intense and
just as you dreamt of.

The Harbor – the heart of Lerici
Lerici's harbour is the centre of life. Boats sway gently on the waves,
seagulls circle above the masts, fishermen repair their nets, prepar-
ing for another early morning at sea. It's the perfect place to start
the evening with an Aperol Spritz in one of the lively seaside bars.

Dinner at "Jeri" – A meal with a view
For dinner, I highly recommend reserving a table at "Jeri", one of Lerici's most famous restaurants, located right by the picturesque harbour. The modern yet cozy ambiance is complemented by large windows, offering an unobstructed view of the sea and the setting sun.
The atmosphere is quintessentially italian-lively, full of laughter and
the clinking of glasses. A bottle of Vermentino Colli di Luni, perfectly
captures the essence of the evening, with a hint of the sea in its flavour.

What to eat at "Jeri"?
Antipasti di Mare – A selection of marinated anchovies, octopus car-
paccio, pickled clams, and raw tuna, so fresh you can taste the sea.
Tagliolini ai frutti di mare, homemade pasta with mussels, shrimp,
and squid, tossed in a light white wine sauce, simply perfect. Orata

al forno – Oven-baked Sea bream, flavoured with lemon, olives, and fresh herbs, crispy on the outside, tender and buttery inside.

Panna cotta al limone, a lemon-infused panna cotta, balancing sweetness and citrusy freshness, capturing the taste of summer. Every bite tastes like vacation, like the sea, like Italy. As I take the last sip of wine, the sun slowly dips into the water, painting the sky in shades of gold and orange. There are only few places where one feels as content and alive as right here.

Sunset at the harbour of Lerici

Back to Villafranca – with the sea in my heart

Late at night, full and deeply relaxed, I begin the drive back up into the hills. The road twists through the darkened landscape of Lunigiana and with each curve, I move a little farther from the sea, but the taste of salt on my lips, the breathtaking sunset, the sound of the waves, and the memory of this perfect day stay with me.

Villafranca is my new home, but on days like these, it's comforting to know that the sea is never too far away. And that a perfect evening with friends in Lerici is always just a short drive away.

China Clementi – the bitter treasure of Lunigiana

When traveling through the picturesque villages of Lunigiana, you don't just discover historic castles, medieval alleys and breathtaking landscapes, but also hidden culinary treasures. One of them is the famous China Clementi, a herbal bitter liqueur that originated in the pharmacy of Fivizzano and has fascinated people for over a century.

The history of China Clementi

The story of this unique liqueur begins in Fivizzano, a charming town in Lunigiana, often referred to as the "Florence of Lunigiana". It was here, in 1884, that Giuseppe Clementi, a pharmacist with a passion for herbal medicine, opened his small Officina Farmaceutica. Like many pharmacists of his time, he experimented with medicinal herbs to create tinctures, elixirs and remedies for his customers. But Clementi wanted to do more than just make medicine, he wanted to create something that was not only beneficial for health but also pleasurable to drink. His inspiration? The cinchona bark (Cinchona), a plant known for its bitter properties, traditionally used to treat fevers and digestive issues. After numerous experiments, he developed a unique blend: a base of cinchona bark, giving the liqueur its signature bitter depth, a secret combination of herbs, roots, and spices, creating its aromatic bouquet, careful maceration and aging, ensuring the perfect balance between bitterness and sweetness. And so, China Clementi was born, a herbal bitter with an intense yet harmonious taste, originally used as a digestive aid and tonic.

Rise of a local legend

Over time, China Clementi grew in popularity. Not only did the locals of Fivizzano swear by its beneficial effects, but travellers and pilgrims passing through Lunigiana along the Via Francigena also took it home as a souvenir and remedy. Soon production expanded, and China Clementi became one of the most renowned specialties of Lunigiana and beyond. During the 20th century, the recipe remained a closely guarded secret and the liqueur continued to be crafted in the original Clementi pharmacy. Even today, the Clementi family produces it using traditional methods, deliberately avoiding artificial flavours or modern alterations.

Taste & uses

China Clementi is a bold, spicy bitter liqueur with a deep amber colour and complex aromas. At the first sip, you immediately notice the pronounced bitterness of the cinchona bark, followed by warm, spicy notes, hints of orange peel, cinnamon, cloves, gentian and rhubarb, though the exact recipe remains a well-kept secret.

The liqueur is aged for two years in wooden barrels, which enhances its intensity, long-lasting flavour and rich amber hue.

How to enjoy China Clementi?

Straight or on the rocks as a classic digestif after a meal, with tonic water or soda – as a refreshing, slightly bitter aperitif, in cocktails often used as a Tuscan alternative to a Amaro or a Vermouth

China Clementi today – a piece of Lunigiana in every bottle

Despite the rise of mass production, China Clementi has remained authentic. The Clementi family still produces it in Fivizzano, with great care and respect for tradition. For anyone visiting Lunigiana, a bottle of China Clementi is a must-buy—whether as a souvenir of the region, a perfect digestif after a hearty Lunigianese meal or simply as a sip of history in a glass. One taste of China Clementi, and you can savour the old traditions of Lunigiana.

Do you fancy giving it a try? Salute!

Market Days – the vibrant heart of Lunigiana

What can I say? I love markets. There's nothing better than strolling through narrow alleys lined with stalls, letting yourself be inspired by the colours, scents and sounds, and discovering the region's culinary treasures. The variety of fresh, local products is simply overwhelming, crisp vegetables, sweet figs, fragrant herbs, handmade cheeses, air-dried salami, whose aromas drift through the air and the best part? You can taste almost everything! Here, it's not just about shopping, it's about tasting, chatting, comparing and laughing. In Lunigiana, the market is still part of everyday life. Every village and small town has its own market day sometimes in a large, covered hall, sometimes just a few stalls in a parking lot or along the main street. But no matter how big or small, markets remain the beating heart of village life.

Living tradition
Almost every town in Lunigiana has a Mercato settimanale (weekly market), held on at least one day per week. In my first weeks here, I quickly realized that I needed to keep track of them all, so I hung a big slate board in my kitchen, where I noted down all the market days of the surrounding towns. Today, I don't need the list anymore, meanwhile I know them all by heart.

What you'll find at the markets
Fresh vegetables and fruits, depending on the season, juicy apricots in summer, aromatic chestnuts in autumn, cured meats and cheeses from flavourful Finocchiona to creamy Pecorino, fresh bread and Focaccia, still warm from the baker's crates, household goods, clothing, shoes and even plants for the garden, flowers, fabrics and toys, there's something for everyone.

More than just a market

For locals, the market is about much more than shopping. It's a social gathering place. People chat and catch up on news. They stop for a quick espresso with neighbours, they exchange stories, laughter and special local gossip. Here, it's not just about buying and selling, here, life happens.

Street Food, italian style

What would an Italian market be without the small food stalls, where you can enjoy a quick, delicious and uncomplicated meal? On almost every market in Italy, you'll find the classic Panino con Porchetta, a sandwich filled with crispy roasted, herb-stuffed suckling pig. Simply a delight! Other popular choices include Mortadella sandwiches, a spicy Salsiccia, or even fried seafood, all great food at a fair price.

street food

I have made it a habit to end my market visits with a small snack. Because one thing is certain: freshly bought food tastes the best, but a market visit without a little indulgence would only be half the fun. Early Birds always get the best picks! One thing to know:

Markets in Lunigiana start early and end early. Most stalls open around 7 am and close by noon. Those who want the best products shouldn't take too long. In the past, it was even more extreme. Kinta Beevor, in her book about her childhood in Lunigiana, wrote that her housemaids would leave for the market at 5 am because whoever got there first always got the best goods. Today, things are a bit more relaxed—but arriving by 8 am is still a must if you want to be among the first shoppers. Every market has its own charm, but if I had to pick just one, it would be the weekly market in Pontremoli. Every Saturday morning, the entire town transforms into a bustling paradise of colours, scents and voices. Here, you'll find: The largest selection of fresh produce, a fantastic mix of regional specialties, clothing, household items and antiques, lively, cheerful vendors, exactly what makes an Italian market so wonderful and special

Where to find local markets?
The easiest way: Just ask the locals! They always know when and where the next mercato settimanale is happening. Alternatively, a quick Google search with "mercato settimanale" + town name will help. But honestly? After a few weeks in Lunigiana, you instinctively know where to go on which day.

A piece of Italy that never disappears
Market days have become a fundamental part of my life in Lunigiana. It's not just about shopping, it's a ritual, a way to connect with the region and its people, to wander, explore and enjoy the small pleasures of everyday life. If you want to experience the real Italy, go to a market. Observe the people. Talk to the vendors. Taste the products. Breathe in the scent of fresh bread. Treat yourself to a Panino con Porchetta or a warm Focaccia with Parma ham and Stracchino.

Because here, among all the stalls, beneath the rising morning sun, beats the true heart of Lunigiana.

usual market activity

What do you think—could you wake up early enough to experience this?

Inspiration – a tribute to Paolo Lazzarini

One of the reasons I cherish this part of Italy is the incredible density of artists, painters, sculptors, writers, musicians. Lunigiana and its surroundings seem to have always attracted creative souls. My dear neighbour, Rudl Gramberger, is one of them. Hopefully, we'll soon organize an exhibition of our drawings together. Perhaps it's the rugged beauty of the landscape, the soft light over the hills or the rich history that lingers in every alleyway.

Life shaped by art

Art has been part of my life since childhood. Music and painting have always accompanied me. My grandmother taught me to play the piano and always encouraged me. My parents, however, didn't understand my artistic passions. I still remember their words: "Art is pointless—you'll never make money from it." For a long time, those words seem to haunt me. But not anymore. Today, I know: Art is not just a pastime for me it's a deep need, a way to express emotions, to make the past tangible. And sometimes, fate leads to the very thing that inspires us most. That's how I discovered Paolo Lazzerini in Lucca, an artist whose work moved me deeply.

Master of light and atmosphere

Born in Seravezza, near Pietrasanta, Paolo Lazzerini grew up in a region that itself feels like a living artwork. He studied at the Liceo Artistico in Carrara; Earned a Master of Arts diploma; Continued his studies at the Accademia di Belle Arti in Carrara, focusing on painting for four years: Even in his early years, his work gained attention. He won awards, captivated critics, and enchanted art lovers. In the 1970s and 1980s, he exhibited in renowned galleries in Forte di Marmi, Torino and Rome, even at the Accademia di Santa Cecilia.

Since the 1990s, his artistic influence has extended far beyond Italy. Germany became a second home for his art, with numerous exhibitions. His works are now found in galleries and private collections worldwide.

Artistic signature

What makes Paolo Lazzerini's art so fascinating? His extraordinary use of light and atmosphere. His landscapes feel dreamlike, like memories of a world between reality and fantasy. He doesn't paint Tuscany as it is, but as it feels. His paintings glow with vibrant contrasts, often using almost translucent tones. His play of light and shadow, his surreal depth, and the almost fairytale-like mood give his works a meditative effect. Since 2016, his works have been permanently exhibited at the Blue Tree Gallery in York, a testament to his global significance.

My personal tribute to Paolo Lazzerini

Art has the power to connect people, to awaken emotions, to transport you to another world. Paolo Lazzerini captures the magic of Tuscany, the dance of light and the longing for untouched landscapes like no other. He is an artist who inspires not just through his technique, but through the emotions behind his work. His paintings reflect a deep understanding the soul of a place, the poetry of nature and the invisible feelings that exist in all of us.

Some artworks you just simply look at. Others you might feel. Lazzerini's paintings belong to the second category. Let yourself be inspired by his other works as well. You can find him either in Pietrasanta, Via Mazzini 108, or in Lucca Piazza San Giusto 4 and Via Fillungo 112.

Solo buon cibo e cameriere carine

Only good food and charming waitresses: If there's one motto that perfectly sums up the osterias, trattorias and ristorantes of Lunigiana, it's this: "We simply have good food and friendly service." Because that's what truly matters here: Food is not just a necessity, it's a ritual, an art form, an expression of culture and passion. In Lunigiana, food is not an afterthought, it is life itself. The people in this region are down-to-earth and rooted in tradition, but when it comes to food and wine, they make no compromises. While in other places, people spend their money on fashion, technology, or luxury goods, in Lunigiana, they invest in what truly matters: The best cuisine, homemade dishes prepared with love and care, the best wines, local, full of character and rich in history, the best ingredients, fresh, seasonal and sourced from the region. That's why the restaurants here are almost always fully booked. Whether it's a Tuesday or Saturday, whether you're in a small village or a larger town. If you arrive unannounced, you might go home hungry. Hungry at the Wrong Time? Bad Luck. If you're hungry between 3:00 pm and 7:30 pm, you have a problem. Because this is when restaurants take their afternoon break. No kitchen, no panini, no exceptions. At this hour, there are only two things you can get: An espresso, which keeps you awake but won't fill you up. A friendly but firm "Ci vediamo stasera!" ("See you tonight!") from the owner. Because here, food is a pleasure, not something to be rushed. The time in between is dedicated to preparation: Kneading fresh pasta dough, slowly simmering the perfect sauce, carefully balancing the flavours of herbs and spices. It's not about convenience, it's about respect. Respect for the ingredients, for the guests and for the moment.

The soundtrack of an italian evening

When the doors finally reopen at 7:30 pm, the room fills up and so does the air. A restaurant here in Lunigiana is never quiet.

Glasses clink, plates are set down. Waiters shout orders across the room. A large family debates loudly about which wine pairs best with the Tagliolini. Two elderly men gesture wildly about a Serie A game playing on a TV in the corner. A couple whispers sweet nothings over a steaming pizza. It's a buzzing symphony of voices, laughter, clinking silverware, popping wine corks and the gentle hum of the espresso machine. And while you're still waiting for your food, you feel it that this isn't just about eating. This is about togetherness, emotions and the pure joy of life. Reservations? Absolutely. It doesn't matter if it's a small family-run trattoria or a popular ristorante. Without a reservation, you're in trouble. While other countries focus on having as many dining options as possible, here, the philosophy is different: fewer restaurants, but perfect ones. And these places? They're always full. The locals know this. And now, so do I. They have their favourite spots, go-to dishes, preferred tables. If you just show up spontaneously, you'll probably be met with a regretful smile and a gentle: "Mi dispiace, siamo al completo." (*"I'm sorry, we're fully booked."*)

Dining philosophy

So, here's the golden rule: call ahead and be prepared.

And once you've secured a table, enjoy it with the same devotion with which the food is prepared. Because in Lunigiana, a great meal is never an accident. It's a matter of the right mindset. Would you be able to adjust the Italian way of dining, waiting for the right time, reserving ahead, and savouring every bite?

Pizzas at L' Antica Pieve in Filattiera

Lunisiana Soul – Zucchero´s Home

Do you know the songs "Senza una Donna," "Diamante," or "Il Volo"? Yes, exactly, these are some of the biggest hits by Adelmo Fornaciari, better known as Zucchero. An artist who conquered the world with his music but in the end, he longed for a home. And he found it here, in Lunigiana.

From the charts to the solitude of nature
There was a time when Zucchero was at the peak of his success. Millions of albums sold, sold-out stadiums, sharing the stage with Eric Clapton, Sting, Pavarotti and Miles Davis. But deep inside, he was burned out. Fame didn't bring the fulfilment he had hoped for. His heart was broken, but his soul was not yet empty. He longed for a place where he could find peace, far away from the chaos of the music industry, close to nature, close to his roots. And so, he began his search. He wandered through the Tuscan countryside, roamed the Apennine hills, until about 25 years ago, he discovered a special place in a small village near Pontremoli: Casa Corvi

Sanctuary with heart
Casa Corvi became his refuge, his sanctuary, his fresh start. He named his estate Lunisiana: a wordplay combining Lunigiana and Louisiana, inspired by his deep love for blues and soul music, but also by the untouched landscape, which reminded him of the vast plains of the American South. In interviews, Zucchero often spoke about how Lunigiana healed him, how here, in this nature, he found a connection again one that he had lost during the hectic years of his career. But Casa Corvi became more than just a retreat. He transformed it into a self-sufficient farm. He planted vineyards, now producing some of the finest grapes in the region. He brought in

animals, roaming freely on his land, created orchards and vegetable garden, real, simple food, just like he knew from his childhood. Here, in the hills of Lunigiana, he found balance and harmony between life, music and nature.

His bond with the region

His love for Lunigiana is not just reflected in his choice to live here, but also in his collaboration with the Cantina Lunae winery in Luni. Together, they created his own red wine: Zucchero Sugar Fornaciari IGT, Vintage 2019. In 2021, this Merlot from Lunigiana and Liguria received an impressive 88 points from Falstaff, proof that his name carries weight not just in music but also in winemaking. I always keep at least two cases of it at home—not just because the wine is fantastic, but because it tells a story: The story of a man who rediscovered himself in this region.

Want to meet him in person?

If you're lucky, you might spot him at Piazza della Repubblica in Pontremoli, where he often enjoys a quiet moment in one of the charming cafés.

Social commitment

But Zucchero is not just a musician and a winemaker, he is also a man with a very big heart. In this region, he is a well-known figure not just on stage but in the lives of the people here. Every August, he organizes a charity soccer match in Pontremoli. The goal is simply raising funds for children and adults with disabilities and often joined by famous friends like Sting, Paul Young, and Gigi Buffon.

Personal connection

I don't just admire Zucchero as a musician. Funny enough, I see parallels between his and my own story. Zucchero was raised by his grandmother, Diamante. She was his anchor, his protector, his home. Just like my grandmother Friedl was for me. When my parents were too busy with work, it was my grandmother who took me on vacations, who gave me a sense of belonging. His parents, like mine, were always working, always focused on making money so much, so that they forgot about their children. We were simply overlooked, left to fend for ourselves, always unheard. These wounds stay with you for a long time. Maybe that's what I feel that connects me to him in a very special way, the search for a real home that is more than just a place.

Want to know more about him?

Watch his documentary from 2024 on YouTube. It's absolutely worth it. Listen to his music. It tells his story, his soul, his journey. Lunisiana Soul is so much more than just a simple name. It's his personal way of life and it deeply fascinates me. Zucchero didn't just find a home here, with this place he healed his soul and found his anchor. And you can feel it when you drive through the hills of Lunigiana, hear the wind rustling through the olive groves and maybe just maybe spot a familiar face in a café in Pontremoli. Maybe in that special moment, you'll hear one of his best songs in my humble opinion, "Diamante" and suddenly, everything makes sense.

Pranzo di lavoro – the Art of the italian Lunch

If you walk through the streets of an Italian village or small town around midday, you can smell it long before you see it: The aroma of freshly cooked ragù, the scent of slow-braised meats, the unmistakable fragrance of garlic sizzling in olive oil The tempting smell of grilled fish. And when you step into a trattoria, you're immediately hit by a wave of sound chatter, laughter, the clatter of plates and the constant calls of waiters shouting the next order. This is "Il Pranzo di lavoro" the traditional Italian work lunch. But it's more than just a meal, it's a ritual, a deep dive into the essence of Italian food culture.

What is a "pranzo di lavoro"?

Literally translated, "pranzo di lavoro" means "work lunch". But don't be fooled. This is not about a hastily eaten sandwich or a sad salad in front of your laptop. In Italy, even a weekday lunch is a moment to be enjoyed. To ensure that even those rushing between workshops, offices or construction sites can enjoy a proper meal, the pranzo di lavoro has been a tradition for decades. A hearty, wholesome and affordable set menu, specially designed for workers, artisans, businesspeople and commuters. A typical pranzo di lavoro includes: One or two courses, pasta or soup, followed by meat or fish with a choice of sides, Bread, water, and a ¼ litre of wine per person included and an espresso to finish (sometimes even a small dessert). And the best part?

The price is unbeatable usually between €12 and €15 for a complete homemade meal.

My absolute favourite spot for a pranzo di lavoro and one I can highly recommend is the Venelia in Monti.

lunch at the Venelia

Controlled chaos

If you step into Venelia for the first time at lunchtime, you might think you've walked into organized chaos. And honestly, that's exactly what it is. 12:30 pm: The first guests arrive, mostly workers, office employees, and elderly regulars who eat here every day.

1:00 pm: The trattoria is completely full. The buzz of conversation grows louder, plates clatter, a group of men bursts into laughter over a joke, while Fatima, carrying several plates at once, casually shouts as she walks by: "Subito, arrivo! Un attimo!" (Right away, I'm coming! Just a moment!)

1:30 pm: The air is thick with the smell of food, the screech of chairs, the constant opening and closing of the entrance door and the sharp voices of the waitresses, who balance plates through the crowded room with impressive precision. The women running the floor, Fatima and Graziella, have only one goal: Serve as many guests as possible, quickly but efficiently. They whiz between tables, memorizing orders, calling the kitchen without stopping and making sure everyone gets their meal. Some guests even get up to grab more bread or refill their water jug themselves as they know that at lunchtime, no one has time to wait. It's a well-orchestrated chaos, where everyone knows their place and role. The guests know that they can't stay for hours - after 45 minutes at the latest, the table is usually free again for the next round, some of whom are already waiting impatiently in the entrance area.

Where does the concept come from?
The roots of the Pranzo di Lavoro go back to post-war Italy. During the 1950s and 1960s, as Italy was rebuilding after World War II, thousands of people worked in factories, on construction sites or in small workshops. Many came from rural areas and had no kitchen access during their lunch breaks. That's when family-run trattorias and osterias started offering affordable set lunch menus purely simple, filling and no fuss.

Why did it work?
For guests: A fast, affordable meal, but still fresh, regional and seasonal. For restaurants: A steady midday income with regular customers returning day after day. This tradition has never disappeared from Northern Italy to Sicily, the Pranzo di Lavoro remains an institution. Why Is the Pranzo di Lavoro So Special? Quality at a Low Price. The dishes are often the same ones served at dinner just in smaller portions and at a fraction of the price. Seasonal & Fresh: What's bought at the market in the morning ends up on the plate at lunchtime. There's no fixed menu just what's fresh that day. A Sense of special Community as many guests come every day, often at the same time, at the same table. Here, friendships form, business relationships develop and small traditions emerge between guests

and staff. Efficient but relaxed, the lunch is quick but never rushed. People take their time to eat, chat with colleagues, or make new acquaintances. But as soon as the last bite is taken—it's straight back to work.

How to find a great pranzo di lavoro?

Go where the locals eat! If a place is packed at 1:00 pm and buzzing with energy, you're in the right spot. The menu is small! It's often a printed receipt slip, or a chalkboard with two or three choices per course. No extensive menus, no tourist specials! A real Pranzo di Lavoro is designed for locals not necessarily for travellers.

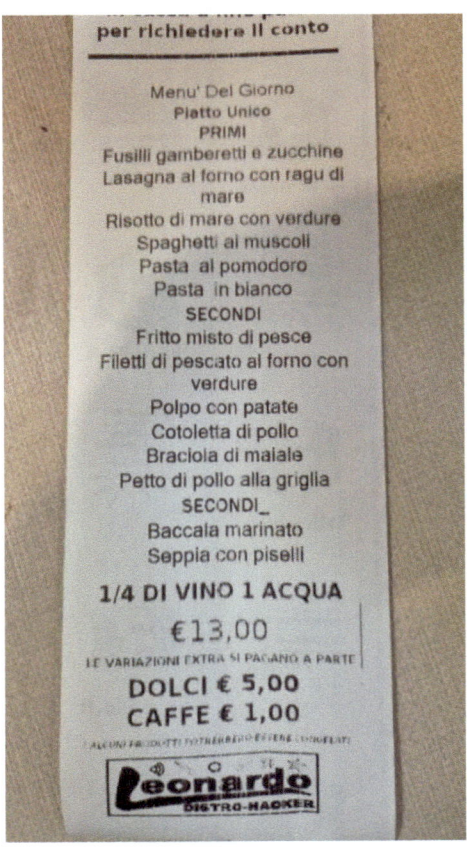

More than just lunch

The Pranzo di Lavoro is an Italian institution, a blend of tradition, efficiency and love for food. It proves that great meals don't have to be expensive or complicated, they just need to be made with love, passion and the best ingredients. So, the next time you travel through Italy and hunger strikes at lunchtime: Find a lively trattoria, choose your Menu del Giorno, immerse yourself in the magic of an Italian work lunch and don't be intimidated by the chaos, that's part of the charm of the Pranzo di Lavoro.

Would you be tempted to experience this Italian lunch tradition for yourself?

A quick note on Dolce Vita

When people in Germany talk about Dolce Vita, Italians often just shrug their shoulders. What Italians understand as Dolce Vita and how Germans interpret it are two completely different things. The real Italian lifestyle can only be truly understood if you live in Italy, observe the daily lives of its people and take part in it yourself. That's why, for me, a good morning now always starts with an espresso and that's exactly where I want to begin unlocking the secret of Dolce Vita.

Espresso – the first taste of Dolce Vita

For most Italians, a good espresso in the morning is an absolute must. Of course, you can make it at home in a classic Bialetti Moka pot—but the true Italian lifestyle involves drinking your espresso at the bar. However, an Italian bar is not the same as a bar in Germany or England, where alcohol is the main focus. Instead, it's more like a café, where alcohol plays a secondary role at best. In an Italian bar, you'll find: Coffee (always the centerpiece), brioches with marmalade, tavola calda - warm filled pastries, often with mozzarella, tomatoes, and ham, perfect as a quick breakfast before an espresso, Ice cream and granita and lovely sweet treats (Dolci). The difference is clear from breakfast, while in Germany or England, breakfast is often considered the most important meal of the day, in Italy, it is secondary at best. For Italians, it's not about a hearty meal to start the day. Instead, the first coffee and the first small talk at the bar hold far greater importance. A bar is a social hub. If you want to meet friends or have a business discussion, the meeting often starts with an espresso at a bar. If you run into a friend on the piazza, you take them straight to the nearest bar for an espresso.

typical breakfast

Italian lifestyle at lunch

I believe that this is where one can find the very heart of the Italian lifestyle. Eating well, taking your time and enjoying it to the fullest. Where in Germany, lunch often means a cafeteria meal or a packed sandwich, in Italy everything shuts down from 1:00 to 3:00 pm, especially in southern regions. Many employees go home for lunch, cook or eat what a family member, usually the Nonna has prepared. Afterwards, they take a short rest and between 3:00 and 4:00 pm, they return to work until 8:00 or 9:00 pm. In northern Italy unfortunately, northern European work habits have crept in, so no more long lunches for them!

Nonna's Kitchen – the heart of Dolce Vita

Those lucky enough to still have a Nonna (grandmother) cooking for them can expect: A three- to four-course meal, made with traditional recipes. A Nonna who spends her morning in the kitchen, a well-earned rest after lunch and a restart in the kitchen for the evening meal. From a culinary perspective, this is where Dolce Vita reaches its peak. At least for those who get to enjoy it, rather than spend the entire day cooking.

Pranzo di lavoro – my personal Dolce Vita

I've already mentioned my version of Dolce Vita. Some places offer a fantastic Pranzo di lavoro for little money. For me, this is the essence of Italian life, in great food, good company and a true appreciation for the meal. Because perfect Italian Dolce Vita means: rich, flavourful food in all its forms and colours. Good food is three-quarters of the equation and without great pasta, there's no Dolce Vita!

True essence of an italian meal

A proper lunch consists of at least: A primo (first course) – usually pasta, a secondo (main course) – fish or meat with a side dish, fruit for dessert, an obligatory espresso to finish. On weekends, a full Dolce Vita meal also includes: An antipasto platter to whet the appetite ideally paired with a local wine. Fresh ingredients from Nonna's garden, free of pesticides and chemicals, cherished by all at the table. And that's another Italian secret: Who else can create so many different dishes from so few but fantastic, ingredients? It's pure magic!

The Magic of the italian table

The table is never, ever quiet. The seats at the head of the table are always reserved for the men, so they have the best view of the entire gathering. Eating alone? Completely unthinkable. The average Italian lunch gathering consists of at least five to six people. Friends, schoolmates and colleagues are often invited because in Italy, this is part of life. With each additional glass of wine, lunch gains momentum, sometimes resembling a small, intimate festival. This is real Dolce Vita, because life is sweeter when shared with good food, good wine and good company. Dolce Vita is as individual as our tastes. If you think you need millions in the bank to enjoy Dolce Vita, you've misunderstood the whole concept. For one, Dolce Vita is: a sunset walk on the beach. For another, it's a delicious dinner with a bottle of red wine. The secret to living your personal Dolce Vita every day. Find joy in life's small moments. It can be a captivating book with a cappuccino, a cozy evening with friends, a phone call with a loved one or a homemade dinner shared with friends. If you really want to, you can turn even the smallest moments into your own personal Dolce Vita.

Grazie di cuore!

And so, our journey through the hidden Tuscany comes to an end, a journey through a true gem of secret places, fascinating stories, and unforgettable experiences. I hope this book has inspired you to discover Lunigiana and this truly undiscovered corner of Tuscany for yourself. Maybe while reading, you could almost smell the fresh-baked focaccia, hear the rushing of the Magra River, or feel the warm evening sun over the hills of Fosdinovo, Pontremoli, or Mulazzo. For me, this was a labour of love, sharing this special region with you: Its history, its landscapes, its people and above all, its soul. Tuscany is so much more than the classic postcard images of cypress-lined roads and rolling vineyards. It lives here in its small villages in the lively market voices, in the whispered stories of ancient stones, especially here in the Lunigiana.

Grazie di cuore for joining me on this journey. I'd love to hear from you! Which place fascinated you most? Which story touched you? And who knows: Maybe one day, we'll meet in a small café in Pontremoli, over a glass of wine in Lerici, or in one of the vibrant, colourful markets of Lunigiana.

Until then—Grazie mille e a presto!

Stefan Koppermann

BIKINIBOMBE

Gedichte